恤·恤寡怜贫

于永玉 董玮◎编

　　一段历史之所以流传千古，是由于它蕴涵着不朽的精神；一段佳话之所以人所共知，是因为它充满了人性的光辉。感悟中华传统美德，获得智慧的启迪和温暖心灵的感动；品味中华美德故事，点燃心灵之光，照亮人生之路。

天津人民出版社

图书在版编目（CIP）数据

恤：恤寡怜贫 / 于永玉，董玮编. —天津：天津
人民出版社，2012.6
（巅峰阅读文库. 中华传统美德百字经）
ISBN 978-7-201-07566-2

Ⅰ. ①恤…　Ⅱ. ①于…②董…　Ⅲ. ①品德教育—中
国—通俗读物　Ⅳ. ① D648-49

中国版本图书馆 CIP 数据核字 (2012) 第 133806 号

天津人民出版社出版

出版人：刘晓津

（天津市西康路 35 号　邮政编码：300051）

邮购部电话：（022）23332469

网址：http://www.tjrmcbs.com.cn

电子信箱：tjrmcbs@126.com

永清县晔盛亚胶印有限公司印刷　新华书店经销

2012 年 6 月第 1 版　2012 年 6 月第 1 次印刷

690×960 毫米　16 开本　10 印张　字数：100 千字

定价：19.80 元

中国是一个具有悠久历史和灿烂文化的文明古国，也是举世闻名的礼仪之邦。在历史的长河中，中华民族创造出了绚丽多彩的物质文化和精神文化，为人类的发展和进步做出了重要贡献。其中，中华民族的传统美德被大家代代传承。

那么，什么是传统美德？什么是中华民族的传统美德呢？通常来说，传统美德就是在自觉或习俗的道德规范中，一些被大多数人所接受并实际奉行的，而且在现代仍有着积极影响的那些美德。具体到中华民族传统美德，概括起来就是指中华民族优秀的民族品质、优良的民族精神、崇高的民族气节、高尚的民族情感以及良好的民族礼仪等，是中华民族在历史实践过程中积累而成的稳定的社会优秀道德因素，体现在人们生活的方方面面，涉及政治、经济、文化、意识等领域，并通过社会心理结构及其他物化媒介得以代代相传。

前言

经过长期的历史沉淀，中华传统美德已融入到中华民族的思想意识和行为规范中，成为社会道德文化的遗传基因，成为整个中华民族文化的精神内涵，也是中华五千年文明史的精髓所在。继承和弘扬中华民族传统美德，可以振奋民族精神，增强民族自尊心、自信心、自豪感和凝聚力，使社会主义道德规范具有更丰富的内涵，让社会主义、集体主义、爱国主义思想等更加深入人心，成为社会主义文化的主旋律。同时，还可以更好地协调人际关系，促进社会主义市场经济的健康发展，形成有中国特色的、适应社会发展的价值观和伦理道德规范。

国民的思想道德状况，尤其是青少年的思想道德状况，直接关系着一个国家、一个民族的整体素质，关系着国家前途和民族命运。目前，我国已进入改革发展的新时期新阶段，德育教育的价值和意义更是日渐凸显。大力弘扬中华传统美德，建设社会主义核心价值体系，促进社会主义文化的发展和繁荣，是建设全面小康社会的主要任务，更是实现中华民族伟大复兴的必然要求。因此，党中央非常注重我国公民道德建设，全社会也已形成了加强和改进思想道德建设的新风尚。

青少年是国家的希望，是民族不断发展和延续的根本，因此，青少年德育教育就显得更加重要。为了增强和提升国民素质，尤其是青少年的道德素质，我们特意精心编写了本套丛书——《中华传统美德百字经》。

本套丛书立足当前公民，尤其是青少年思想道德教育的现实，将中华民族的传统美德归纳为一百个字，即学、问、孝、悌、师、教、言、行、中、庸、仁、义、敦、和、谨、慎、勤、俭、恤、济、贞、节、谦、让、宽、容、刚、毅、睦、贤、善、良、通、达、知、理、清、廉、朴、实、志、道、真、立、忠、诚、公、正、友、爱、同、礼、温、信、尊、敬、恭、恕、责、仪、精、专、博、富、明、智、勇、力、安、全、平、顺、敏、思、积、利、健、率、坚、情、养、群、严、慈、创、新、变、革、争、谏、诲、齐、省、克、竞、求、简、洁、强、律。丛书内容丰富、涵盖性强，力图将中华民族传统美德的内涵囊括进去。丛书通过故事、诗文和格言等形式，全面地展示了人类永不磨灭的美德：诚实、孝敬、负责、自律、敬业、勇敢……

这些故事在中华民族几千年的历史长河中，一直被人们用来警醒世人、提升自己，用做道德上对与错的标准；同时通过结合现代社会发展，又使其展现了中华民族在新时代的新精神、新风貌，从而较全面地展示了中华民族的美德。

在本套丛书中，为了帮助读者更好地理解这些源远流长的传统美德，我们还在每一篇故事后面给出了"故事感悟"，旨在令故事更加结合现代社会，结合我们自身的道德发展，以帮助读者获得更加全面的道德认知，并因此引发读者进一步的思考。同时，为丰富读者的知识面，我们还在故事后面设置了"史海撷英"、"文苑拾萃"等板块，让读者在深受美德教育、提升道德品质的同时，汲取更多的历史文化知识。

前 言

这是一套可以打动人心灵的丛书，也是可以丰富我们思想内涵的丛书……《中华传统美德百字经》向我们展示的是一种圣洁的、高尚的生活哲学。无论在任何社会、任何时代，给予人类基本力量的美德从来不曾变化。著名的美国政治家乔治·德里说："使美国强大的不是强权与实力，而是上帝赐予的美德。假如我们丢失了最根本且有用的美德，导弹和美元也不能使我们摆脱被毁灭的命运。"在今天，我们可能比任何时候都更应关心道德问题，尤其是青少年的道德问题，因为今天我们正逐渐面临从未有过的道德危机和挑战。

人生的美德与智慧就像散落的沙子，我们哪怕每天只收集一粒，终有一天能积沙成塔，收获一个光辉灿烂的明天。《中华传统美德百字经》中的美德故事将直指我们的内心，指向人性中善良的一面，唤起我们内心深处的道德感。因此，中华民族的传统美德也一定会在我们的倡导和发扬之下，世世传承，代代延续！

　　全套丛书分类编排，内容详尽、文字优美、风格独具，是公民，尤其是青少年思想道德建设的优秀读物。愿这些恒久流传的美文和故事能抚平我们每个人驿动的心，愿这些优秀的美德种子能在青少年身上扎根、发芽、生长……

恤
·
恤寡怜贫

中华民族传统道德文化博大精深，恤寡怜贫是中华传统美德的一种表现。

用现代人的眼光来看，恤寡怜贫已经成为一种符合社会公德要求的社会互助行为，表现在社会生活中的各个方面，它是社会主义精神文明建设的一项重要内容。

恤寡怜贫，在不同的社会历史条件下，有着不同的特点和表现形式。

"居庙堂之高则忧其民，处江湖之远则忧其君"，这是历代许多励精图治的先贤们忧国恤民美德的生动反映。忧国恤民也是我国政治道德的优良传统。

忧国，既包括君主在治理国家时关心国事、致力于长治久安的精神和行为，也包括各级官吏在辅佐君主和管理政事时为国分忧、勤于吏治的种种行为。恤民，是指统治阶级从"民为邦本"、"水可载舟，亦可覆舟"的认识出发，将利民便民与治国安邦联系起来，体谅民众的疾苦，关心百姓的生活。

在中国历史发展中，流传着许多恤寡怜贫的历史故事，如"郑板桥卖字赈灾"、"沈道虔乐于助人"、"东坡助人偿债"、"韩愈为民请命"、"富弼无私助灾民"等等，都生动地展现了恤寡怜贫的传统美德。

同情弱者、予以关爱，是我们这个社会发展、进步的动力所在，在深入贯彻落实科学发展观、创建和谐社会的历史新时期，一个良好的社会环境决定了一个国家的发展方向；继承和发扬传统文化，需要我们全社会共同努力，共同营造赈穷恤寡、济危扶困的社会主义新局面。

在社会主义新时期，恤寡怜贫是全社会对弱势群体的一种关爱，但我们也要清醒地认识到，只有为弱势群体创造自食其力的必要条件，才会促进人民的共同发展。一个人是如此，一个国家也是如此，只有靠自己勤劳的双手打拼，才会有一个美好的未来。

本书不但讲述了许多我国古代先贤恤寡怜贫的故事，还讲述了发生在当今社会中真实感人的故事，描述的都是一个个普通人所做出的令人潸然泪下的事迹。这些故事之所以令人感动，在于它们承载了五千年灿烂的中华文明孕育而成的传统美德的力量，闪耀着永恒的光辉。恤寡怜贫、扶危济困等自古流传的道德伦理，夯实了中华民族的精神基石。

因此，无论历史怎样变革，我们的民族始终坚守着这一份对于真善美的执著追求！

目录

第一篇

忧国恤民

小县令大作为

◎勿以小恶而不去，小善而不为。——《贞观政要》

唐朝文宗年间，有一位为人正直、一心为百姓谋福、不畏强权、时刻把百姓的利益放在首位的县令，他就是益昌县的县令何易于。

益昌（今四川广元县境内）地处山区，属于丘陵地带，在完全靠天吃饭的年代，土地的好坏直接影响着当地的经济发展。庄稼收成不好，可愁坏了当地的百姓，他们只能依山种茶，勉强糊口，维持生计。生活的窘困压得人喘不过气来，可百姓们又能有什么办法呢？他们只有忍受。而这一切都装在何易于的心里。

身为县令的何易于很苦恼，他觉得自己为官一任，本该为百姓谋福，可他却不知如何是好。就在这时，唐文宗下了一道诏书。

唐文宗的诏书其实目的十分明确，就是要加大对地方税收的管理力度，整顿各项专卖制度，解决朝廷财政的不足。

其实，说到这些何易于都不恼，最让他恼火的是诏书中说：要向全国各地征收茶税，并明令地方官不得为百姓隐瞒茶叶收入。生活如此窘困的茶农，突然间又要被加收茶税，这无疑是雪上加霜。

何易于手中接过刚刚宣读过的诏书，心情十分沉重。他清楚地知道，一旦征收茶税，益昌百姓将断绝仅有的收入来源，惨淡的生活对种茶的百姓而言，生活的光亮变得越来越暗。

想到这里，何易于叹了口气，推开房门，走进厅堂，向传旨的官员陈述当地百姓的疾苦，并要求传旨的官吏能够撕毁这害民的诏书。但传旨官员苦于畏惧诏命，出于无奈，誓不肯从。

传旨的官员对何易于说："诏书中写得清清楚楚，地方官员不得替百姓隐匿实情。你胆子不小，不但隐瞒实情，还要撕毁诏书，这不是罪加一等吗？"

传旨的官员本就是宣读旨意，照章办事的，皇命难违。但眼前的这位官员也很敬业，不但传旨，还大有训斥何易于的架势，接着说道："我要是真听了你的话，就是死路一条，你也好不了，也会被免官放逐。"

何易于根本听不进去对方的话，回答道：我是一县之令，岂能只顾爱惜自己的性命，而使全县黎民百姓受苦呢！若你不肯撕，我亲自动手。随即他把诏书烧了。

传旨的官员没有因为何易于的举动而找他的别扭，而是如实地将这件事情向负责征收茶税的观察使做了汇报。观察使为何易于的举动所感动，不但没有追究他的过错，反而免除了当地的茶税。

◎故事感悟

何易于为了百姓的利益，冒着杀头的罪，毅然将皇上的诏书点燃，这在当时是拿生命为儿戏，是犯了死罪的行为。但他没有怕，为了让百姓少受苦，他豁出了自己的性命，他是一位值得尊敬的好官。

◎史海撷英

何易于引舟

何易于曾任益昌县令。益昌县距离州郡长官的驻地有40里远，县城在嘉陵江南岸。刺史崔朴曾经趁着大好春光，从上游带着许多宾客唱歌饮酒，乘船东下，从益昌县旁笔直穿过。路过时，崔朴命令县里派民夫拉船，何易于立刻把自己的手插在腰带上，刺史惊讶的问其原因。何易于说："现在正是春天，老百姓不是耕田就是养蚕，一点空闲时间也不能占用。我何易于是这个县的县令，当我没有事情可以做时，我可以充任劳役。"刺史和宾客羞愧地跳下船，借来马一起离开了。

◎文苑拾萃

诏书

诏书是皇帝布告天下臣民的文书。在周代，君臣上下都可以用诏字。秦王政统一六国，建立君主制的国家后，自以为"德兼三皇，功高五帝"，号称始皇帝，自称曰朕。并改命为制，令为诏，从此诏书便成为皇帝布告臣民的专用文书。汉承秦制，唐、宋废止不用，元代又恢复使用。明代用诏书宣布重大政令或训诫臣民。

《说文解字》解释"诏"："告也，从言从召。"郑玄为"诏"作注，谓"诏，告也"。诏书有一定的格式，比如清朝时的诏书起首句一定是"奉天承运皇帝，诏曰"，结尾语为"布告天下，咸使闻知"或"布告中外，咸使闻知"，中间则叙述诏告天下事件的内容。清朝时，诏书由内阁拟稿，经大学士定稿进呈，皇帝批阅后，以墨笔楷书，由右至左直写，写在大幅黄纸上，中间及纸张接缝处钤"皇帝之宝"玺。制作完成后的诏书称为"诏黄"，以极其隆重而繁复的礼仪，送至天安门城楼上宣读，布告天下。宣诏礼成，由礼部接诏，立即誊写或雕板印刷多份，由驿道分送各地，再由地方官员接诏、宣诏。誊写的诏书，称为"誊黄"，雕板印刷的诏书，称为"搨黄"。

范仲淹助穷生

◎恻隐之心，人皆有之；羞恶之心，人皆有之；恭敬
之心，人皆有之；是非之心，人皆有之。——孟子

> 范仲淹（989—1052年），字希文，原名朱说。北宋政治家、文学家、军事家。谥
> 号"文正"。汉族。祖籍陕西彬州（今陕西省咸阳市彬县），生于苏州吴县（今江苏省
> 苏州市）。真宗大中祥符八年（1015年）进士，恢复范姓，后官至参知政事（副宰相）。

范仲淹在睢阳做学官时，经常以自己的薪俸资助穷苦的读书人。也许是范仲淹济贫解难出了名，因此总会有人主动上门求助。

有个姓孙的秀才，希望能够得到范仲淹的帮助。范仲淹便满足了孙秀才的请求。

第二年，这位孙秀才又来了，范仲淹又答应赠给他十缗铜钱。不过，这次范仲淹问他："你这样辛苦地奔波，究竟为什么？"

孙秀才悲伤地回答："因为我没有办法养活老母亲，只好这样奔波，来求得一些帮助。倘若我每天能有一百个铜钱的收入，就足够维持生活了。"

听了孙秀才的话，范仲淹陷入了沉思，没有再说什么。他留孙秀才先住下，答应明天送钱给他。

夜已经很深了，范仲淹仍旧认真地读书。这时，夫人给他送夜宵了，范仲淹放下了书本，端着碗吃了起来。夫人站在一旁，看着丈夫吃得香甜，露出了满意的微笑。不过，不知道是怎么回事，范仲淹突然停了下来，把筷子停在了半空，不吃了。夫人问他："你怎么不吃了？难道有什么不对？"范仲

淹没有说话，只是对夫人摇了摇头。

原来，由眼前的夜宵范仲淹想到了那个靠别人施舍坚持读书的孙秀才。他想，假如我能给孙秀才安排个职位，从根本上解决他的生活问题，对他追求学问肯定是有补益的。范仲淹打定了主意，便又接着吃了起来。

第二天，范仲淹对孙秀才说："我看你也不是好吃懒做、专门向人乞讨混日子的人，这样辛苦奔波能得到多少资助？我替你补一个学职，每月有三千的薪俸，可供衣食之需。但有这安排以后，你能安心在学习上下工夫吗？"范仲淹对于孙秀才的学习态度似乎还没有十足的把握。

孙秀才听了范仲淹为自己做出的安排特别高兴，满口应承，并一再拜谢。

于是，范仲淹安排他研习《春秋》。

从此以后，孙秀才学习刻苦，经常学习到深夜。同时，他十分谨慎，严格要求自己，范仲淹对他很满意。

过了一年，范仲淹的职务有了变化，孙秀才也结束学业回去了。也就是由此，范仲淹与这位孙秀才失去了联系。

十年以后，人们都说在泰山脚下有位教授《春秋》的学者孙明复先生，学问和修养都很好，受到人们的赞誉。朝廷把这位有影响的孙先生请到太学来。这位孙明复先生，原来就是当年范仲淹资助过的孙秀才。

面对孙明复的变化，范仲淹很有感触地说："贫穷，对于一个人的生活来说的确很难。如果衣食没有保证，四处奔波，即使是孙明复那样的人才，也会被埋没的。"

人们在敬佩范仲淹济贫解难精神的同时，也逐渐认识到，物质条件对人的成长进步有着重要的作用。

◎故事感悟

一定的物质条件，好的生活环境，对一个人的成长与进步有着重要的作用；反之，想奠定知识与学问的基础就只能是空想。范仲淹懂得物质条件对人才成长的重要，因此，他自掏腰包周济贫穷的读书人，最终成就了一位人才。

◎史海撷英

庆历和议

康定元年（1040年）至庆历二年（1042年）间，西夏连续对宋发动了三次大规模的战事，宋朝每次都遭到惨败。西夏虽屡胜，但掳掠所获财物与先前依照和约及通过榷场贸易所得物资相比，实在是得不偿失。

庆历四年（1044年），宋朝与西夏最后达成协议。和约规定：夏取消帝号，名义上向宋称臣；宋夏战争中双方所掳掠的将校、士兵、民户不再归还对方；从此以后，如双方边境之民逃往对方领土，都不能派兵追击，双方互相归还逃人；双方在本国领土上可以自由建立城池；宋朝每年赐给西夏银5万两，绢13万匹，茶2万斤；另外，每年还在各种节日赐给西夏银2.2万两，绢2.3万匹，茶1万斤。

庆历和议达成后，元昊多次派遣使者到宋朝，请求宋朝开放边境地区的互市。庆历五年，宋朝政府决定在保安军（今陕西志丹）和镇戎军（今宁夏固原）的安平皆设置两处榷场，恢复了双方的贸易往来。

◎文苑拾萃

范公堤

此堤为北宋范仲淹所筑。古人登范公堤东望，堤外有烟墩（烽火墩）70余座，远近相接。如有兵变匪警，即在墩上点火报警。还有潮墩（救命墩）103座，涨潮时，赶海人爬上潮墩避难。烟墩、潮墩星罗棋布，海雾飘忽，茫茫苍苍，别是一番风光。清人高岑题《范堤烟雨》诗曰：

拾青闲步兴从容，清景无涯忆范公。

柳眼凝烟眠晓日，桃腮含雨笑春风。

四围碧水空蒙里，十里青芜杳霭中。

踏遍芳龄一回首，朝暾红过大堤东。

苏东坡 "逃税"

◎善不由外来兮，名不可以虚作。——屈原

> 苏轼（1037—1101年），字子瞻，又字和仲，号"东坡居士"，世人称其为"苏东坡"。汉族。眉州（今四川眉山，北宋时为眉山城）人，祖籍栾城。北宋著名文学家、书画家、词人、诗人、美食家，唐宋八大家之一，豪放派词人代表。其诗、词、赋、散文，均成就极高，且善书法和绘画，是中国文学艺术史上罕见的全才，也是中国数千年历史上被公认文学艺术造诣最杰出的大家之一。其散文与欧阳修并称"欧苏"；诗与黄庭坚并称"苏黄"；词与辛弃疾并称"苏辛"；书法名列"苏、黄、米、蔡"北宋四大书法家之一；其画则开创了湖州画派。

北宋元祐四年，苏东坡被任命为杭州地方官。

苏东坡上任处理的第一件政事，就是他自己的官司。听起来令人奇怪，苏东坡刚刚上任怎么会有官司上身呢？

他先是看了包封严密的两大卷货物，那上面写着苏东坡的名衔，送往京城苏轼的住宅。白纸黑字，写得清楚明白，总不会是假的吧？

"笑话，我也不是商人，怎么会逃税？"苏东坡看完了逃税的"罪证"，又看了本案的卷宗，让手下人把犯人提上来，要问个清楚，弄个水落石出。

主管税务的官员押上来一个人，苏东坡上下打量这个人，觉得这个人根本不是商人，虽然穿着寒酸，但总能品出那特有的书卷气。苏东坡问他是哪里人氏，那人回答："福建南剑州人氏，学生吴味道。"

"你认识我？"苏东坡又问。

那人摇了摇头。

"你既然不认识我，又不是商人，如何假冒我的名字，又为何要做这种逃税的勾当？"

吴味道听苏东坡这样问，方才晓得，审问自己的大人竟然就是大名鼎鼎的苏轼。吴味道本来提到嗓子眼的心稍微松弛了一些，脸上紧张的表情也缓和了不少，他虽然仍旧跪在地上，回答问题的声音却比刚进来要响亮多了。

吴味道说："味道今年秋天在本地的乡试中得中，同乡们资助我入京参加省试的盘缠，购置了建阳纱，共三百端，等入京后卖掉。可是盘算之下，入京沿途所经场、务都照章抽税，到了京城连一半也剩不下。我们私下考虑，当今既享盛名，又能帮助穷困书生的，就是您家二位弟兄，所以就想了这么个办法。"

吴味道叹了口气，接着说道："我们想，即使事情败露，您也能同情我们的苦衷，终于出此下策。但不知您已临镇此州，实在难逃罪责。"

听完了吴味道的回答，苏东坡不仅没有责怪吴味道，脸上还露出了一丝难以察觉的表情。此时的苏东坡想到了穷苦的读书人生活的艰难，苦读寒窗的艰辛，读了多年的书，即便是乡试中第，还要参加省试，连盘缠都拿不出来，这是多么现实又可悲的事情！想到这里，苏东坡看了看吴味道，吴味道正用祈求的目光看着苏东坡呢。

苏东坡问吴味道包内都是什么东西？吴味道把包打开，里边的东西和他说的一模一样。

苏东坡看了这些东西，笑着让手下人把旧封全部去掉，换题新的名衔，写上送到东京竹竿巷，还写了一封信给弟弟，一起交给吴味道，说："你这回上路，怎么走也不会有妨碍了。"

第二年，吴味道在京师考中了，特来苏东坡处致谢。苏东坡十分高兴，留他款待了好几天。

◎故事感悟

苏东坡在穷书生假冒其名"逃税"的过程中,做了顺水人情,帮助了穷苦的读书人,令人赞赏。不过,借名人逃税故事的本身似乎于今不合时宜,也是不宜提倡的。

◎史海撷英

制科考试

制科考试是宋朝(南、北宋)的一种特殊的考试制度。科举考试每三年一次,而制科考试是不定期的。制科考试的程序比科举考试要繁琐,参加制科考试的人员由朝廷中的大臣进行推荐,然后参加一次预试,最后由皇帝亲自出考题。制科考试的选拔非常严格,据说宋朝总共三百多年的历史,科举考试选了四万多进士,而制科考试只进行过22次,成功通过的人只有41人。

制科考试分第一等、第二等、第三等、第三次等、第四等、第四次等、第五等,其中第三等是最高等(第一和第二等为虚设的),第五等最差。

◎文苑拾萃

水调歌头

苏轼

明月几时有?把酒问青天。不知天上宫阙,今夕是何年。我欲乘风归去,又恐琼楼玉宇,高处不胜寒。起舞弄清影,何似在人间?转朱阁,低绮户,照无眠。不应有恨,何事长向别时圆?人有悲欢离合,月有阴晴圆缺,此事古难全。但愿人长久,千里共婵娟。

姚少师放粮

◎凡人为善，不自誉而人誉之；为恶，不自毁而人毁之。——苏轼

> 姚广孝（1335—1418年），元末明初政治家、高僧。元至正十二年（1352年）出家为僧，法名道衍，字斯道，自号逃虚子。苏州长洲县（今江苏苏州）人。通儒、道、佛诸家之学，善诗文。与文学家宋濂、高启等交友，又从灵应宫道士席应真习道家《易经》、方术及兵家之学。游嵩山寺，相者袁珙说他：“是何异僧！目三角，形如病虎，性必嗜杀，刘秉忠流也。”元至正二十三年（1363年）于径山从愚庵大师潜心于内外典籍之学，成为当时较有名望的高僧。

　　姚广孝少年时期就已出家为僧，法名道衍。洪武十五年（1382年）以高僧被召，随燕王朱棣赴北平（今北京），从此成为燕王朱棣的亲信谋士，帮助燕王发动“靖难”之役，夺位登极，名列“靖难”第一功臣。但因他的出家人身份，初未还俗，只任僧录司左善世，掌管佛教事务。

　　永乐二年四月，明成祖朱棣特下诏谕，赐敕他为太子少师，为其复姚姓，赐名广孝。从此，他才由道衍和尚一变而成为太子少师姚广孝。

　　明永乐二年（1404年）五月的一天，浓墨般的乌云伴着滚滚的雷声遮盖了江南水乡，随着便是瓢泼大雨从天空倾泻下来。转眼之间，水天浑为一色，一切都被笼罩在大雨之中。

　　雨不停地下着，乌云仿佛被定在了空中，尽情地发泄着自己的不满。躲在村舍中的人们骇然无措了，他们纷纷跑出家门，来到田间，望着一片汪洋，望着黑沉沉的天空，不由感到一阵恐惧—— 一场灾难即将来临。

明朝嘉靖年间修的《吴江县志》中，把这场水灾记到了《灾异》类中：永乐二年五月大雨，田禾尽没。儿女辈呼父母索食。男妇壮者，相率以糠杂菱、芡、藻、荇食之。老幼入城行乞，实在没有活命办法的，只有投河自尽。

这场大水灾波及苏、松、嘉、湖、杭五府，而这五府正是江南最富庶的产粮区。

六月，朝廷得到地方官府的灾情报告，明成祖立即决定对灾区开仓赈济。在下诏赈灾的同时，他考虑选派一名得力的官员前往灾区主持赈济之事，而他几乎毫不犹豫地选定了新任的太子少师姚广孝。

得到成祖的诏令，姚广孝立即动身，回到了阔别二十余年的故乡。一个当年托钵的游僧，如今却是衣锦还乡的钦差大臣。但是，昨天他"威声赫赫，车徒甚盛"奉旨离京，今日看到的却是故乡水灾的惨景。望着那些垂死挣扎的灾民和到处可见的弃尸，他震惊了。这次回乡对姚广孝来说，绝不仅仅是荣耀，更重要的是一份责任。

从苏州到松江（今属上海），从杭州到嘉兴，姚广孝奔走于各府县之间。他要督促各地官府开仓放粮，赈济灾民，帮助他们渡灾，还要同地方官员核计免税。对于如实报灾，认真赈济的地方官员，姚广孝给予表彰支持；对于以淹报稔，一味催办租赋的地方官员，姚广孝查实后均予责罚。

这位70岁高龄的老人，不顾大雨过后夏日的炎热蒸晒，把自己的全部身心都投入到这场救灾工作之中。在姚广孝的主持下，各府县开仓放粮，并且免去了当地田赋60万石，在一定程度上缓解了灾民们的负担。

救灾工作之暇，姚广孝喜欢穿上一袭旧袈裟去访寻乡里故旧亲友，并把成祖赏赐的金帛分赠给他们。他那在贫困中度过一生的父母均已亡故，因为家贫没有墓地，连遗骨和坟墓都不曾留下，姚广孝想祭扫一下也已不可能，他只好请人制作了父母的灵位，放进了少年时出家为僧的妙智庵中。

姚广孝徒步走到故友王宾家中，两位老朋友见面，有说不完的话。王宾为此专门撰写了《赈灾记》，颂扬了姚广孝为民放粮的功德。

这位身居高位的功臣，在家乡父老面前依然是往日的僧人。他下令将数以万石计的粮食分赈乡民，自己却经常只是吃些身边带的干粮。

有一天，他独自外出，路过寒山寺，走得又饿又累，便坐在寺外亭子里吃起干粮来。谁知正遇上一个姓曹的县丞经过这里，看见一个老和尚坐在亭子里吃饭，县丞觉得奇怪：如今是饿殍遍地，一个老和尚竟还有吃的，就把他抓了起来，看看他到底是怎样的来历。于是，他被抓了起来。姚广孝手底下的人到处找他，终于在县监狱中找到了他。

这一来可把那姓曹的县丞和地方官员吓坏了，纷纷前来请罪。姚广孝没有说话，提笔在纸上写了几句，交给官员们，大家打开一看，原来是一首诗：

> 敕使南来坐画船，
>
> 袈裟犹带御炉烟。
>
> 无端撞上曹县尹，
>
> 二十皮鞭了宿缘。

众人这才知道姚广孝并未将此事放在心上，不由转忧为喜。姚广孝这时才严厉批评了那位曹县丞："野僧路边吃饭，碍汝何事？书生为官，不可张狂欺人！"这样豁达的胸怀，更使人们感到由衷地敬佩。

◎故事感悟

百姓们忘不掉姚广孝的功德，尽管后来有人出于对他帮助明成祖夺位不满，造谣诬蔑他，但是苏州人民还是为他建造了祠堂，树碑立传，作为永久的纪念。

◎史海撷英

姚广孝其人

洪武十五年（1382年），朱元璋选高僧侍诸王，为已故马皇后诵经荐福。经人举荐，姚广孝成为燕王朱棣的重要谋士，随燕王朱棣至北平（今北京）住持大庆寿寺，从此经常出入燕王府，参与夺位密谋，成为朱棣的重要谋士。

朱棣"靖难"称兵前，他曾推荐相士袁珙以占卜等方式，并通过对当时政治、军事形势分析，促使燕王朱棣坚定信心；又于王府后苑训练军士，打制军器，做好军事准备；建文元年（1399年）六月起兵前夕，计擒北平布政使张昺、都指挥使谢贵。靖难之役中，他留守北平，建议燕王轻骑挺进，径取南京，"毋下城邑，疾趋京师，京师单弱，势必举"，又劝朱棣勿杀方孝孺："城下之日，彼必不降，幸勿杀之。杀孝孺，天下读书种子绝矣！"十月，辅佐燕王世子率万人固守北平，击溃朝廷数十万北伐之师。此后，仍多赞谋帷幄，终使朱棣夺得皇位。

朱棣即位后，初授官僧录司左善世，收郑和为菩萨戒弟子，法号福吉祥。永乐二年（1404年）再授为太子少师，复其姚姓，赐名广孝。同年八月，姚广孝回乡省亲访友，至长洲拜访其姐，其姐避而不见，访其友王宾，宾亦不见，但谣语曰："和尚误矣，和尚误矣。"又跑去见其姐，其姐又骂他。广孝为之惘然，体会到了众叛亲离的滋味，临死之前他请皇帝释放建文时的主录僧溥洽，明成祖答应了他。永乐十六年（1418年）三月十八日姚广孝病逝于庆寿寺，"帝震悼，辍视朝二日"，以僧礼葬，百官吊唁者竟达"肩摩踵接，添郭溢衢"。追赠推诚辅国协谋宣力文臣、特进荣禄大夫、上柱国、荣国公，谥恭靖。赐葬房山县东北。洪熙元年，加赠少师，配享成祖庙庭。

晚年，姚广孝既厌惧官场争斗的凶险，又不甘心放弃毕生事业的追求，故虽然受官，却未改变僧人身份，主要承担太子、太孙的辅导讲读，及主持《永乐大典》、《明太祖实录》等书的修纂，又著《道余录》专诋程朱，人称"黑衣宰相"。其博通精深的学识和修养对皇太孙（明宣宗）有较大影响，对《永乐大典》的完成也起了很大作用。

◎文苑拾萃

题 画

姚广孝

小小板桥斜路，深深茅屋人家。
竹屋夕阴似雨，桃源春暖多花。

徐九思巧施救济粮

◎恻隐之心，仁之端也；无恻隐之心，非人也。——《孟子·公孙丑七》

> 徐九思（1495—1580年），字子慎。江西贵溪人。为明朝孝宗、五宗、世宗、穆宗、神宗五世臣。一生官职不高，但刚正廉洁，爱民如子。嘉靖十五年（1536年），徐九思年届40岁，初任句容县（今属江苏）知县。当时官场积弊难清，贿赂横行，贪风尤盛，欺民的污吏得到姑息，受害的百姓却持冤难鸣。徐公常说："勤则不骚，俭则不费，忍则不争。""勤、俭、忍"这"三字经"为时人所称道。

徐九思虽一生官职不高，但深受百姓爱戴。

明朝嘉靖年间，初任句容县知县的徐九思已经40岁了。在担任知县期间，因为他做了许多利民的好事，故而深受句容县百姓的拥护。

徐九思任知县时，深知百姓的苦衷，他懂得要想使百姓日子好过，必须从根本上解决问题，首先就是要减轻他们的负担。

为了避免县吏们徇私舞弊，县里的大小事务都由他亲自处理。他的举动自然引起了一些县吏的不满，但他身后有句容县众多百姓的支持，谁都拿他没有办法。或许正是这个原因，徐九思尽管为五朝元老，但是他从未被重用过。

徐九思心系百姓，处处为民着想，同时他的为官理念也常常影响着手下的官员。在他的带领下，官吏们开始注重民生，体察百姓疾苦。

徐九思勤于政务，重视生产劳动。为了平衡税赋徭役，从调查情况到落实任务，他都亲历亲为。他对那些单身的穷苦农民特别关心，对当地的那些地痞无赖们则毫不手软。一向节俭的徐九思节省日常办公费用，采石铺路，使来往行人得到方便。徐九思还根据县里旧有档案，把仍存在官府里的农民卖盐后的盐引钱还给农民。

倘若遇上灾年，谷价大涨，巡抚就拿出仓中积谷数百石，让县里"平价"卖出，而粮款要还于官府。

徐九思时常嘱咐手下的官员："能够买得起粮食吃的，都是富裕人家，现在的贫民就是平价也买不起了。"

于是，他就把救济粮拿出一半，以高价卖出，剩下一半的粮食用来煮粥，分给饥民。距县城较远的山区的穷人，可到附近富人家取粮，县里替他们付款，这样一来使很多穷人在灾荒之年活了下来。

徐九思的居室中挂着一幅《青菜图》，其旁书有"为民父母不可不知其味，为吾赤子不可令有菜色"的字样，意在提醒自己，时刻把百姓疾苦挂在心中。

朝廷规定，地方粮簿上有一笔注明可供地方官开支的例金。当时地方官员以招待过路官员作为一种重要的社交手段，利用公款宴请、送礼。这笔例金徐九思却分文不取，后来自行规定取消了这笔开销。

徐九思一心忙于政务，不畏惧权贵，凡事秉公办理，敢于直言，曾经因得罪府尹和中丞，被贬调离句容县。"父老乡亲数千拥而入见中丞，称公贤"，后经吏部尚书干预，才得以留任。升迁调入京城后，仍以国家安危、百姓疾苦为重。后来徐九思遭人陷害罢官。回到家乡后，他兴办义学，布施赈济，招抚流民，兴修水利，依然不改利民的初衷。

◎故事感悟

徐九思是一位明朝官吏，对不良的官场习气敢于在一定程度上进行对抗。他从劳动生产中解决百姓的生存问题，使济困变成了解困；他自己生活节俭，常以一幅《青菜图》勉历自己；他一生扶困济贫，体恤民情，并为之奋斗不已。

◎史海撷英

平易持重　待人宽厚

商辂（1414—1486年），字弘载，号素庵，浙江淳安人。曾以乡试第一为解元，正统十年（1445年）会试、殿试皆为第一。整个明朝之世，三试皆第一者，只有商辂一人而已。由于其科举高中榜首，先任修撰，不久即被选入东阁，为侍讲学士。

到景帝继位，即被推荐入内阁参与机务，并升职为翰林院学士。景帝病重，群臣都请求立太子，但景帝不许，商辂再次上疏说："陛下为宣宗皇帝之子，当立宣宗皇帝子孙。"群臣对于商辂的直言切谏非常感动，但商辂的奏书还未达朝廷，夜里即发生了石亨等拥立太上皇英宗的复辟。第二天，大学士王文、兵部尚书于谦被捕，因商辂与高谷皆主张立英宗之子为太子，英宗将二人诏入便殿，慰勉之后命其草拟复位诏书。

石亨等知之后，把商辂叫出，让其在复位诏中为己表功。商辂说："诏书拟定，自有定制，不敢轻易。"石亨等人听后相当不满，不久就指使人弹劾商辂结党朋奸，把他逮捕下狱。英宗帝念及商辂为三试榜首并为其亲取，将其贬职为民。逐出京师。

成化三年（1467年），商辂被诏回京师命以原官入阁办事。商辂上疏委婉予以拒绝，宪宗帝特地使人对商辂说："先帝已知卿等受冤枉，请进京勿辞。"商辂进京之后，立即上疏提出八事：勤学、纳谏、储将、备边、裁冗官、设仓、崇先圣、重科举。

这些都被宪宗皇帝所采纳。不久被升职为兵部尚书，后又转任户部尚书，并改任文渊阁大学士。后又任吏部尚书，转任谨身殿大学士。商辂为人平易持重，待人宽厚，每到重要时刻却毫不含糊，当机立断，受到同僚的尊重。商辂居大学士首位十余年而卒，年93岁，赠太子太保衔，谥文。

郑板桥卖字赈灾

◎君子以厚德载物。——《周易·坤》

郑板桥（1693—1765年），江苏兴化人。清代著名画家、书法家。原名郑燮，字克柔，号板桥，也称郑板桥。乾隆时进士，曾任潍县县令。

清朝乾隆年间，大街上，只见书画家郑板桥正边比划边往前走，一不小心碰到了前面的木竿，他头也没抬，说了声"对不起"，继续往前走。这时，一个乞丐上前乞讨，身着便服的郑板桥问他为何落到如此凄惨的地步？乞丐叹道："年年遭饥荒，县中一些以万有财为首的奸商又趁机抬高粮价，我们是没有办法才走这一步的啊！现在这个新来的县太爷郑燮（郑板桥的名），听说是个书呆子，整天只知道练字，从来不过问老百姓死活；况且历来官商勾结，我们去告，不是自讨苦吃吗？"郑板桥并不生气，给了乞丐几个铜钱，转身回府了。

县衙里，郑板桥责问衙役有无此事，衙役点头称有，并且劝告他刚来不要得罪奸商，他们都是手眼通天的家伙，不仅抬高粮价，而且还以低价收购郑板桥为老百姓写的字、作的画，再以高价卖出。郑板桥听罢，决心要戏弄、惩治一下这些奸商。

郑板桥在书房里反复临摹北宋书法家黄庭坚的字迹，已经达到了可以乱真的地步，但仍觉得缺少点什么。夫人叫他去吃饭，他没有理会。直到深夜，他躺在床上，还在练字。夫人劝他休息，他却在夫人的背上练起字来。夫人责备他说："人各有一体，为什么非要在我身上写字呢？"郑板桥像醒悟了什么，飞奔了出去。原来他从夫人的话里得到了启示，字要写得好，一定要有自己的字体。郑板桥将书房里临摹的黄庭坚的字全部烧毁，夫人赶来询问，郑板桥哈哈大笑："烧掉这些字是为了不让那些黑心人赚钱！"夫人不知其所云。

　　郑板桥让管家假扮成"京城画师"，前去拜访县中首富万有财。万有财急忙相迎，"京城画师"说愿大量收购郑板桥真迹。万有财大喜，立即取出大量郑板桥的字画，"京城画师"看后，不露声色地说："这些东西不值钱，我要的是郑板桥新创的'六分半'体！"说罢，让侍从拿出一幅字展开，口称："前几天，我托人花了3000两银子才搞到郑板桥这幅字，你看，这和他以前的字大不相同，它结合了真、草、隶、篆四种书体，再加上绘画技法糅合而成的。如果你能搞到这种字，我每幅都以3000两银子的价钱收购，你看怎么样？"万有财见有利可图，连连称好，"京城画师"要求三天之后就来取字。出了万家，"京城画师"又依次来到其他几户富豪家里，依法炮制。侍从不知就里，郑板桥大笑："三日之后，必有好戏可看！"

　　第二天一大早，万有财等几个富豪就不约而同地他派人前来拜访新来的县太爷，以图求字。郑板桥提出求字不行，卖字可以，但要卖个好价钱。这几人谁也不服谁，争相报价。最后，郑板桥以每幅字2500两银子的价格卖给了万有财派来的人，其他几人愤而离去。万有财拿到字幅后，觉得赢头不大，对几个富豪非常不满，自恃财大气粗，决定降下粮价，挤垮其他几人，然后再抬高粮价，捞回损失。其他几家富豪知道后，也气愤不已，决定联手对付万有财，一时县中粮价猛降。郑板桥当机立断，命人将卖字所得银两迅速收购粮食，散发给灾民。正当万有财等人快要支持不住，急切等待那个"京城画师"前来"救命"时，有人来报信说，那个"画师"就是郑板桥的管家扮的，富豪们这才知道上当了，全都瘫坐在地上。

　　这时，为民造福的郑板桥已经挂印而去。他又回到了老家扬州（今江苏扬州市）卖起了字画，仍然是穷人"买画"分文不取。

◎故事感悟

　　郑板桥为官一方，不但爱护体恤民众，还凭借自己的聪明才智为劳苦百姓赢得了救命粮，从而得到了百姓们的爱戴。

◎史海撷英

郑板桥读书、教书

　　1693年11月22日子时，郑板桥出生，其时家道已经中落，生活十分拮据。3岁时，生母汪夫人去世；14岁又失去继母郑夫人。乳母费氏是一位善良、勤劳、朴实的劳动妇女，给了郑板桥悉心周到的照顾和无微不至的关怀，成了郑板桥生活和感情上的支柱。郑板桥资质聪慧，3岁识字，至八九岁已在父亲的指导下作文联对。少时随父立庵至真州毛家桥读书，16岁从乡先辈陆种园先生学填词。大约在20岁左右考取秀才。23岁娶妻徐夫人，是年秋郑板桥首次赴北京，于漱云轩手书小楷欧阳修《秋声赋》。26岁至真州之江村设熟教书。30岁，父亲去世，此时郑板桥已有二女一子，生活更加困苦。作《七歌》诗，慨叹郑生三十无一营。康熙秀才、雍正举人、乾隆进士。客居扬州，以卖画为生。为"扬州八怪"之一，其诗、书、画世称"三绝"，擅画兰竹。

◎文苑拾萃

题画竹

郑板桥

画竹插天盖地来，翻风覆雨笔头载；
我今不肯从人法，写出龙须凤尾来。

陆在新建"问苦亭"

◎结有德之朋，绝无义之友。——明·佚名

陆在新（生卒年不详），字文蔚。江苏长洲（今苏州）人。他从小务农，取得生员资格后仍坚持耕作，"向晨荷锄出，暮归读书"。后应聘入城授徒，每谓弟子曰："我辈竖起脊梁，便合担当名义，何得负此昂藏七尺为？"康熙五年（1667年），皇帝下诏，以策论取士，陆在新因"夙讲经济，遂得举"，授松江府（今属上海）儒学教授。后经江苏巡抚汤斌以卓异荐，康熙二十五年（1686年），迁庐陵县知县。

"安民之本，在于足用"。这句话体现了古代的富民思想，在历代封建官吏治理民政的过程中起到了积极作用。清朝康熙年间江西庐陵县（今吉安）知县陆在新就是一位具有这种思想的人。他以关心百姓疾苦，力除民瘼，取得了安民的效果。

陆在新接到委任札书时，便立志做个安民的父母官。他不带仆从，"单骑就道"。一到庐陵，即"誓于城隍神，不以一钱自污"。随后，他又亲赴各乡，了解民情，及时解决了累民之苦，并在各方面给百姓的生产、生活提供方便。为了能随时体察民间疾苦，并使百姓有表达心愿的机会，陆在新又在县衙的右侧修建了一座亭子，名曰"问苦亭"，每月"朔望坐亭中，访求民隐"。通过这种形式，百姓可经常与知县攀谈，不仅解决了许多问题，同时也融洽了官民关系。

庐陵县和其他地区一样，每年农民交纳的赋役钱粮，都要增加一定的损耗额，即所谓耗羡。而耗羡之额，历年又都不同。这与地方官吏贪欲程度有关。由于钱粮耗羡往往成为地方官吏中饱私囊的重要来源之一，因此，耗羡之额愈来愈重，长期以来一直是百姓的沉重负担。陆在新了解到百姓对此十分不满，便下令废除陋规，一律按政府规定之额征收。从此，"钱谷耗羡，革除殆尽"。

按惯例，各乡百姓纳粮，要由各户自己送到县上。百姓每年交纳时都要先经水路，再转陆路，既花费许多时间，又要付出可观的运送费用。陆在新为了减轻百姓的负担，在通往县城的各水道边建立了五个粮仓，以"便民输纳"。仅此两项改革，即减轻了百姓许多负担。

庐陵县山区的百姓，生活十分贫困。陆在新了解了这一情况后，经常携带粮食、用品等"历山谷间，劳苦百姓，轸其灾患"，并帮助他们安顿生活，发展生产，使山区百姓深受感动。

为了给百姓创造一个安定的社会环境，陆在新一直注意严束属吏，不使其扰民；同时不断打击盗贼，以杜绝殃民之祸。他特别注意社会风气的转变，为此，"修学校，进诸生"，设义学，教民子弟读《小学》、《孝经》等书。

康熙二十六年（1687年），赣江水泛滥，庐陵县遭受了特大洪灾，许多百姓被围困于水中。陆在新心急如焚，为了尽快抢救遇难灾民，他带头捐资，雇船募夫往救。在他的影响下，属吏及城中士民也纷纷捐资，一支庞大的抢救队伍很快组成。陆在新亲自率队，"出入洪涛中"，将一批批灾民救到城里，又发给灾民口粮。经过奋力抢救，终于使遇难灾民"全活无算"。

◎故事感悟

由于陆在新忧心百姓疾苦，力除民瘼，一年之后，"境内贴然"，百姓安居。尽管他在任时间不长便卒于任，但他却得到了庐陵百姓的敬仰。他去世后，"庐陵人为罢市三日，会哭者万余人"，后"合辞请于官，祀吉州名宦柯。长洲人亦以乡贤祀之"。

◎史海撷英

平英团大战牛栏冈

道光二十一年四月初九（公元1841年）早晨，有一伙英军官兵到广州城北郊的三元里行凶作恶。他们看见一个妇女，就把她围起来，百般调戏。有个叫韦绍光的青年菜农见了十分气愤，把几个乡亲叫在一起，对他们说："我们就这样看着他们欺侮妇女吗？"

"打！让他们有来无回。"大家都这样说。

"我也是这个主意。"韦绍光说："趁他们现在不注意，我们就打他个措手不及。"说着，他带着大家冲了过去。

那些英军官兵正在放肆地大笑，冷不防一群中国农民围了上来，大声喊着："打"，有的举起锄头，有的抢起扁担，朝他们打了起来。这些强盗吓得一个个哇哇乱叫。挨了一阵痛打以后，有七八个英国兵倒在地上，剩下的仓皇逃跑了。

韦绍光马上鸣锣聚众，叫村民们到三元里村的北帝庙前集合，商议对策。韦绍光说："洋鬼子打到广州以后，天天烧杀抢掠，无恶不作，谁不切齿痛恨？今天早上他们挨了揍，一定要来报复。下一步怎么走？请父老兄弟们多出主意。"村民们你一言我一语地议论开了。有的主张和敌人干到底。有的说敌人武器好，硬拼要吃亏，不如暂时躲避一下。也有的说，要想不受欺负，就得马上组织起来。这个主意得到了大家的赞同。有人提议组织"平英团"，专门对付英国侵略军，大家都同意，又推举韦绍光等人为首领，赶紧做好抵抗的准备。

韦绍光把神座前的黑底白边的三星旗举起，对着大家说，"我们就借神旗作为平英团的大旗和指挥旗。请父老兄弟们对着大旗宣誓。"接着，他带领大家对旗宣誓说："旗进人进，旗退人退。脚踏故土，头顶苍天，杀绝英夷，打死无怨。"

韦绍光等人又派人到四周各村去联络，结果当地一些有名望的文人和士绅也参加了进来。当天下午，三元里附近的一百零三乡村民和手工业行会组织都派代表到三元里北面的牛栏冈开会。会上决定：十五岁以上至五十岁以下的男子一律出动，各乡自成单位，联合对敌。具体办法是：把盘踞在附近四方炮台的敌人诱到丘陵起伏的牛栏冈，一举歼灭。当天夜里，各村群众都忙着收拾和赶制各种武器，准备参加战斗。

第二天清晨，五千多名平英团战士在三星旗的指引下，一齐杀向了四方炮台。螺号齐鸣，鼓声阵阵，把炮台上的英军惊呆了。他们紧张地注视着黑压压的人群，连大气也不敢喘。夏天的天气十分炎热，不一会儿，他们都汗水淋淋，浑身湿透了。忽然"咕咚"一声，一个少校军官由于紧张过度，热昏了过去。英军司令卧乌古急忙让人抢救，哪知道他已经咽了气。卧乌古无可奈何地皱了皱眉头。但是，卧乌古再仔细看看围过来的人群的时候，又露出了得意的狞笑。原来，他发现这些人拿的都是木棍、铁锹、锄头、大刀、长矛……凭这些武器怎么打得过他的洋枪洋炮呢？他连声下命令。"快，放枪！开炮！给我打！"于是士兵们便胡乱放起枪炮来。一阵枪炮过后，卧乌古定睛一看，平英团的战士一点儿也不害怕，高举着旗帜和盾牌还在挑战呢！卧乌古气坏了，决定只留少数英军留守炮台，自己率领一千多英国军队出击，向平英团扑来。

韦绍光指挥队伍且战且退，向三元里方向转移。英军以为老百姓软弱可欺，趾高气扬地紧追不放。追到牛栏冈丘陵地带，道路越来越窄，侵略军只能排成单行，大炮等笨重武器也不能跟随前进，这样就和平英团拉开了距离。

等到他们追到牛栏冈的时候，平英团的战士都不见踪影了。卧乌古见势不妙，慌忙下令撤退，可已经来不及了。就听号角声响彻云霄，埋伏在周围的群众从四面八方冲杀过来，双方展开了交手战。洋枪洋炮在这么近的距离内发挥不了多大作用，英军只能四散奔逃，到处挨打。

就在这时候，一道电光闪过，倾盆大雨从天而降。英军的火药被雨水淋湿，官兵们心慌意乱，便想突围逃走。平英团战士却如鱼得水，越战越勇：大刀在敌群中挥舞，英军官兵连连毙命，长矛向敌军乱刺，英军官兵应声倒地。不少人头破血流，满地打滚。邓潜率领的打石工人和陈棠率领的纺织工人也赶来投入战斗。妇女和儿童们为勇士们送汤送饭，呐喊助威。

雨越下越大，道路、水沟、稻田成了白茫茫的一片，无法区别辨认。英军官兵晕头转向，穿着长统皮靴在水中深一脚，浅一脚地乱窜。有的滑倒跌落水沟，有的陷在稻田的泥泞中拔不出脚来。怕死的连忙举手投降，跪在地上磕头求饶，乖乖地作了俘虏。直到傍晚，侥幸活着的英军官兵才在四方炮台留守英军的接应下，连滚带爬地逃出牛栏冈丘陵地带，窜回炮台。

◎文苑拾萃

"白渡桥"的由来

　　在苏州河和黄浦江汇合处，有一座外白渡桥。白渡，就是过桥不花钱的意思。为什么叫这个名呢？这和上海租界有关系。

　　早先，苏州河靠近黄浦江的一段没有桥，只有几处渡口摆渡，分别叫"头摆渡"、"二摆渡"、"外摆渡"。后来有一个名叫韦尔斯的英国人纠集一伙人，建了一座木桥。因为桥是建在原来的外摆渡旁边，上海人就叫它外摆渡桥。桥建成以后，韦尔斯以"偿还造桥费"为名，要每个中国人先交"过桥税"才能过桥。"过桥税"收了好多年，早就超过造桥的费用了。韦尔斯不但不免税，还要加倍收税。上海人民向工部局（英美等国在租界里设立的行政机关）和英国领事馆提出抗议说："造桥费究竟有多少，怎么收税没个完？既要收税就应该都收，为什么你们外国人过桥不收税，单收中国人的？桥建在中国的土地上，要收税也应由中国官府收，怎么老是由你们外国人收呢！"工部局和领事馆自然无法回答，只是用谎话搪塞一番。

　　上海市民为了不受外国人的敲诈，就自己集资打造了几只渡船，义务接送过往行人。这样，外摆渡桥变得十分冷落。后来，工部局在群众的要求下，被迫在外摆渡桥旁边另造了一座新桥。这座桥不收过桥税，上海人民就叫它"外白渡桥"。

言如泗爱士恤民

◎忠臣体国，知无不为。——宋·苏轼

> 言如泗（1716—1806年），字素园。江苏昭文人。乾隆三年（1738年），赐恩贡生，充正黄旗官学教习。乾隆十四年（1749年），铨选授山西垣曲县卸县。

清朝乾隆年间，在地方州县官中，有几个以发展生产、兴修水利、保境安民而著称的人，言如泗便是其中的一个。

此后，言如泗历官山西、湖北两省，两任知县，两任知州，一任知府，前后近二十年。他不论在何处任职，都尽力把本地治理好。他注意发展生产，特别注重水利事业，为百姓做了许多实实在在的事，他还严于治盗，以保境内平安，从而安定了百姓的生活。《清史稿》对他的评价是"爱士恤民而治盗严"。

山西垣曲县县城濒临黄河，汛期到来，河水威胁城内居民。言如泗到任后，组织力量修筑了石堤，解除了城内居民的后顾之忧。他看到本县水源缺乏，农田灌溉难以保证，就将亳河旧有的几条渠道全部重新疏通，"分以溉田"，为农民提供了极大方便。人们为颂其德，将新开通的水渠称为"言公渠"。闻喜县同样存在着农业用水问题，当时有涑水河可资利用，但"涑水湍急，旧渠多圮"，使农业生产受到影响。言如泗调任闻喜知县后，组织新开渠道，"食其利者五村"。解州境内有白沙河，位于州城之南，河的南岸有盐池，是解州百姓生活的重要来源之一。由于白沙河"地如建瓴"，两岸均处危害之中，如果河决南口，则危害盐池，北决则坏城。言如泗任知州后，为了解决白沙河决口问题，确保两岸的平安，力请上级将往日在解州征收的盐税用来修筑白沙河两岸石堰。获准之后，他立即组织民夫修筑了两道五里长的石堰，终于排除了隐患，民皆称颂。

言如泗在兴修水利、发展生产的同时，对维护境内安宁格外注意，时时把安定民心看作是自己的责任。他在任保德直隶州知州时，正值清廷用兵新疆。按照惯例，大军所过之地，沿途州县均应保证军需的供应。可是，那几年正是保德欠收之年。言如泗考虑到百姓生活已很艰苦，若再征派，定会成为百姓的沉重负担。于是，他向上级申诉百姓之苦，力请免除本州的军需供应，终于获准，使"民无所累"。解州府原有二条姚暹渠，本为盐官及农民合修，后来盐商依势欺人，借口姚暹渠专为护盐池所修，不许民田灌溉。言如泗为民做主，据理力争，迫使盐商让步，从而保证了农田灌溉。言如泗在各州县时都严于治盗，并以此为维护社会治安，保证境内安定的重要措施。不管是来自境外的骚扰，还是境内的盗贼，他都严惩不贷，从不手软。因此，他在任的州县，百姓都有太平之感。史载，他在解州任职期间"民间夜不闭户"。他升任湖北襄阳知府，"襄阳素为盗薮，闻其至，盗皆远遁"。

◎故事感悟

言如泗正是以自己保境安民的政绩，成为远近闻名的循吏。

◎史海撷英

太平天国将领陈玉成

陈玉成原名叫丕成，幼年时父母双亡，由叔父抚养，生活非常贫困，小小年纪，就到一个地主家做工，受尽了剥削压迫。金田起义的时候，陈玉成才十五岁。他和其他苦工一起打死地主，参加了起义队伍，成为一名童子兵。他虽然年纪小，却勇敢善战，机敏过人，参加了无数次重大战役，南征北战，屡建战功。

太平军西征部队在攻打武昌时受到挫折，久攻不下。陈玉成带兵前去支援。为了弄清敌情，他冒着敌人的箭射炮击，带领几个人骑马到武昌城边观察。突然"嗖"地一声，敌箭射中他的坐骑，陈玉成跌下马来。他立刻从地上站起来，镇定自若地继续观察。当天晚上，陈玉成布置三百人正面攻城，吸引住守城清军的主力。自己乘敌不备，带领二百人来到城下。他用力把绳子甩到城墙上套住城垛，然后矫捷地抓着绳子爬上城墙，一边挥动太平天国的大旗，一边大喊："天兵登城了！天兵登城了！"清兵不知太平军从何而来。争先恐后地打开城门逃跑，陈玉成在敌人的慌乱之中占领了武昌。在一次解救镇江的战斗中，陈玉成率领几个勇士驾着一叶轻舟，飞快地向镇江水关冲去。清军炮船四集，子弹密如雨点。陈玉成毫不畏惧，破浪猛冲，进入了镇江城。他与镇江守将吴如孝商议，按照预定时间从城内杀出，李秀成等带兵从城外接应，清军顾内顾不了外，阵脚大乱，被太平军夹在中间打了个落花流水。

陈玉成在作战过程中，建立了一支完全由青少年组成的精兵，叫做小儿队五旗营。五旗营的军旗分为红、黄、白、黑、青五色，小儿队的青少年都头戴红巾，腰缠绿带。作战时，陈玉成依次调动各营上阵杀敌。其中红旗营战斗力最强，战士们像猿猴一样轻捷矫健，被大家叫做"红猿"。陈玉成被提拔为天国主将以后，带领五旗营再次大破了清军江北大营，解除了天京北面的威胁。

◎文苑拾萃

李伯元与谴责小说

李伯元原名李宝嘉，别号南亭亭长，江苏常州武进人，出生在他父亲做官的山东。李伯元三岁那年，父亲死了，他只好投靠伯父李念仔生活。李念仔对李伯元管教很严。李伯元的母亲也经常督促他学习。所以，李伯元少年的时候就擅长八股文章，同时又能诗会画，词曲也作得很好。他还善于篆刻（刻印章），对金石（古代在铜器、石碑上铸字或刻字记事的历史资料）、音韵（研究语音结构和演变的学问）、考据（考证）等学问也都懂得。到了二十岁，他以第一名的成绩考中秀才。但是后来屡次参加举人考试，都没有考中。科举的失意，激化了他对社会的不满，他决意不再谋求当官，而要用自己的笔去揭露官场和社会上的丑恶现象。

　　李伯元看到了国事一天不如一天，外国侵略者横行无忌，朝廷官吏卑躬屈膝，人民生活苦不堪言。他痛恨朝廷的腐败，希望能改革政治。"公车上书"那一年，李伯元看了康有为等人的万言书，激动得好几天没睡好。他就决定先干起来，到上海办报馆。李伯元来到上海，请了两个人帮忙，办起了《指南报》，意思是想给大家指个正确的方向。但是由于时代和阶级的局限，他自己也没有明确什么是正确的方向，所以《指南报》影响不大，不久就改办了《游戏报》。《游戏报》登载官场的笑料，社会上的奇闻佚事，舞女生活的花絮，娼妓遭遇的趣闻，还有诗赋词曲，演义小唱，灯谜对联等等，内容丰富，文体多样，文笔又滑稽诙谐，令人发笑。这样生动活泼的小报，很快受到群众的欢迎。读者在笑声里都体会出作者对丑恶现象的憎恶和对事物的看法。

林则徐封仓救灾

◎以爱己之心爱人则尽仁。——《张载集》

> 林则徐（1785—1850年），汉族。福建侯官（今福建省福州）人。字元抚，又字少穆、石麟，晚号侯村老人、侯村退叟、七十二峰退叟、瓶泉居士、栎社散人等。他是清朝后期政治家、思想家和诗人，是中华民族抵御外辱过程中伟大的民族英雄，其主要功绩是虎门销烟。官至一品，任江苏巡抚、两广总督、湖广总督、陕甘总督和云贵总督，两次受命为钦差大臣。因其主张严禁鸦片、抵抗西方的侵略、坚持维护中国主权和民族利益而深受全中国人的敬仰。

清道光四年（1824年），林则徐任江苏按察使。半个多月来，天天下大雨。林则徐站在窗前，双眉紧锁。他想，这雨要再不停，涝灾便会使农民颗粒无收。老天并不因林则徐忧心如焚而转晴停雨，反而越下越大，又是几天的阴雨，尽管林则徐想尽办法开渠挖沟，排水除涝，但仍然面临着大面积的灾荒。逃荒的人成群结队，不断有人饿死病死在荒郊野外。

林则徐换上便服，来到乡间，察看灾情。之后，又到城镇，了解粮食价格。在一家存米不多的粮店，林则徐询问老板："你的米多少钱一斗？"老板满脸愁容，说："每斗700文。"林则徐惊叹道："怎么涨到这个价格，比灾前竟涨了一倍！"老板诉苦说："没有办法！即使涨价，也无法解决米荒。我店没有存货，卖完也就得关门了。"林则徐打量了一下粮店，问："这里有什么秘密？"老板叹了口气，说："财主囤粮，百姓遭殃啊！"说到此处，老板不再讲了。林则徐点了点头，听出老板话中有话，心里已有了新的谋划。

　　林则徐回到衙门，立即行文，发布官府告示："连日阴雨，造成灾害。荒民遍地，已无生路。米行要即时粜米，以平市价。殷绅富户，存积米粮，亦需乘时出粜，不许观望迁延。"

　　告示贴出以后，百姓见生机有望，纷纷高呼："林青天知民之心！""林大人救了我们啊！"

　　林则徐经多方了解，终于探知一个名叫潘世恩的富家囤粮万石，不肯救济灾民。这潘家的主人潘世恩是朝廷大员，原在京师做官，目前正在家为父亲守孝。林则徐为了解救灾民苦难，不顾个人劳累，亲自来到潘世恩家，动员潘家开仓粜米，赈济饥民。潘世恩傲慢地说："林大人亲自登门来劝，本应给大人一个面子。可本官并非那种随便赏人脸面的人。实话相告，我家没有粮食去赈济饥民。"林则徐心中虽然愤怒，但忍了又忍，问："大人说贵府没有米？"潘世恩点头说："对，没有可以赈济别人之米。"

　　林则徐又苦劝道："潘大人三思，若能救救灾民，当是功德无量之事。还望潘大人发济世之心。"潘世恩冷冷一笑，说："本官心有余而力不足呀！""真的？""真的！""潘大人家里那众多粮仓——"没等林则徐说完，潘世恩就连连说："那些粮仓都……都是……都是空的。""空的？""空的。"

　　潘世恩不敢用硬的办法，因为如若林则徐向朝廷告他一状，他也怕皇上怪罪，所以就声称粮仓是空的。林则徐虽官居按察使，但料他没有胆量搜查朝廷命官。林则徐沉思一下，心中早已有了主意。他不慌不忙，但又软中有硬地说："空的？哈哈，那太好了！"

　　潘世恩丈二和尚摸不着头脑，吃惊地望着林则徐。林则徐大声接着说："既然潘大人的粮仓是空的，那本官就暂时借用一下。"潘世恩措手不及，反问："借用？"林则徐站起身，态度坚决地说："对，借用一下！"

　　说罢，他立即命令手下人将潘世恩家的粮仓全部贴上封条，派人看守。潘世恩追悔莫及，恨透了林则徐，却又无可奈何。过了一天，林则徐开仓放米，赈济饥民。

　　林则徐为百姓智斗权富，威名大振。

◎故事感悟

　　林则徐虎门销烟抵抗外国侵略的事迹众所周知，但林则徐关心民众、勇斗贪官、赈灾放粮的事迹恐不多闻。林则徐这两个方面的功绩，充分说明了他爱人民、为国家的高尚情操！

◎史海撷英

林则徐的少年时期

　　林则徐于乾隆五十年七月二十六日（1785年8月30日）出生在福建侯官鼓东街（今福州市鼓楼区中山路）一个下层封建知识分子的家庭里。父亲林宾日，以教读、讲学为生。仅靠父亲教私塾的微薄收入无法维持生活，于是，母亲用手工劳动来分担家庭的困窘。

　　在科举时代，林则徐的父母指望自己的儿子能在仕宦之途发达上升。林则徐性聪颖，在4岁时便由父亲"怀之入塾，抱之膝上"，口授四书、五经。在父亲的精心培育下，他较早地读了儒家经传。嘉庆三年（1798年），林则徐14岁中秀才后就到福建著名的鳌峰书院读书，受教于具有实学的郑光策和陈寿祺。在父亲和亲友的影响下，他开始注意经世致用之学。嘉庆九年（1804年），林则徐20岁中举人。父亲的谆谆教导使林则徐的学业取得了惊人的成就。但此后由于家庭日难，外出当塾师。在嘉庆十一年（1806年）秋，林则徐应房永清之聘到厦门任海防同知书记，这里的鸦片烟毒引起他的注意。同年，受新任福建巡抚张师诚的赏识招入幕府。他在张幕中获知了不少清朝的掌故和兵、刑、礼、乐等知识以及官场经验，为他日后的"入仕"准备了些必要条件。

◎文苑拾萃

"林则徐星"

　　2000年9月20日，在民族英雄林则徐诞辰215周年之际，坐落在林则徐出生地福州市左营司的"林则徐星"纪念碑揭幕，寓意着"林则徐星"从这里升起。

　　1996年6月7日，中科院北京天文台陈建生院士发现了一颗小行星。按照国际小天体命名委员会的规定，谁发现了小行星，谁就拥有命名权。陈建生院士领导的"施密特CCD小行星"项目组和国际小天体命名委员会成员、北京天文台朱进博士，提议将新发现的这颗小行星命名为"林则徐星"。由于林则徐的禁毒和治水业绩得到了国际社会的公认，因此国际小天体命名委员会批准了中科院的建议。"林则徐星"在火星与木星之间，沿椭圆形轨道以4.11年的周期绕太阳运动。

罗瘿公梨园育英才

◎度德而处之，量力而行之。——《左传·隐公十一年》

　　罗瘿公（1872—1924年），名敦曧，字掞东，号瘿公。诗人，京剧剧作家。祖籍广东顺德。他幼攻诗文，青年时期就读于广雅学院，为康有为弟子。23岁中副贡，官至邮传部郎中。1908年，出任唐山路矿学堂（即唐山交通大学，今西南交通大学）坐办。民国成立后，先后任总统府秘书、国务院参议、礼制馆编纂等职。与梁启超组织万生园修禊会，梁曾写《致罗敦曧书》。后愤于袁世凯复辟帝制而弃政攻文。与王瑶卿、梅兰芳深有交往，尤与程砚秋交谊深厚。程砚秋在艺术上取得的成就，是与罗对其尽心指导、全力资助分不开的，程对罗则以师辈相称。罗瘿公为程砚秋编写剧本始于1921年，至1924年病逝的三年中，共编写了12个剧本。

　　程砚秋先生是我国京剧艺术的大师，还不到25岁就与梅兰芳、荀慧生、尚小云同被尊为"四大名旦"。然而，如果没有这个人的扶持、资助，程砚秋是绝对不能取得如此成就的，一颗京剧艺术之星或许根本无法升起。这个人就是清末民初的著名诗人罗瘿公。

　　罗瘿公为人正直侠义。他喜爱京剧，经常到剧场里听戏，也就认识了程砚秋。程砚秋当时才13岁，小小年纪已经展露出很有前途的艺术才华。但是他的处境却使他的艺术面临夭折的危险。

　　原来，程砚秋生于一个没落的旗人家庭里，父亲早亡。迫于生活，他6岁拜在荣蝶仙门下学唱京戏。旧社会，进了戏班的门，就等于是卖了身的奴隶。程砚秋除了学戏练功外，还要帮师傅家干许多家务活。稍不如意，师傅就打他。由于程砚秋刻苦练功学艺，11岁就能登台演出。13岁那年，程砚秋正处于变声期，可师傅为了赚钱，就让他没日没夜地唱，嗓子哑了，仍然逼他唱。照这样下去，不用多久，他的嗓子就完了。嗓子一坏，艺术生命也就完结了。

罗瘿公眼看这棵京剧新苗就要夭折，心中十分同情和着急。通过交涉，最后筹了一笔巨款，将程砚秋赎出了荣蝶仙的师门。

接着，罗瘿公为程砚秋全家找了房子，把他们安顿下来。又到处请医生给他治嗓子，并亲自教他学习文化，讲解诗词，每次功课完毕都要进行严格的检查。为了帮他提高艺术修养，罗瘿公还经常带他去看在中国上映还不久的电影。更为重要的是，罗瘿公设法替程砚秋拜了一位名师——著名京剧表演艺术家王瑶卿。

在王瑶卿和罗瘿公的精心指导和辛勤培育下，程砚秋的唱腔和表演都大有长进，且已经在京剧界有了些名气。此时，罗瘿公又到处奔走，筹款请人，为程砚秋组建了自己的戏班。

为了帮助程砚秋创出自己的风格，师傅王瑶卿做他的导演和唱腔设计，罗瘿公则亲自执笔，为他编写了12个新剧本，让他在舞台上实践，每出戏必有创新。在他们的关怀指导下，程派艺术的基础奠定了。

◎故事感悟

程砚秋的辉煌成就离不开罗瘿公在生活上的无私帮助、救济和在曲艺事业上的大力支持，可以说，正是罗瘿公的扶持，才让程砚秋这颗京剧艺术之星最终升起。

◎史海撷英

晚清名士罗瘿公

在清末民初的北京，罗瘿公是无人不知的大名士。其人精书法，善诗词，能饮酒，喜交游，乐助人，上至达官贵人，下至平民寒士，大凡才通风雅者，都有他的好朋友。在《鲁迅全集》中，就有"写字找罗瘿公，写诗找黄晦闻"的说法。

其书法，亦负重名，字体从唐人碑帖化出，参以宋人米芾的神韵，劲气内敛，章法、行气雄阔不羁，一反长期流行的"馆阁体"拘谨呆板的书风，深受艺界爱重。齐白石诗句"天马无羁勒，惊蛇入草芜"，正生动形象地道出了罗瘿公行草的特色。

罗瘿公还留心搜集辑存当代史料。他在梁启超主编的《庸言报》上开设了一个专栏，发表有关近世掌故的文字。专著《庚子国变记》、《德宗承统私记》、《中日兵事本末》、《割台湾记》、《拳变余闻》、《中俄伊犁交涉始末》、《太平天国战纪》等，均以文笔雅洁、材料翔实、论说清晰著称，如今均收入这本笔记，且受到近代史研究学者的重视。罗瘿公笔记偏重于史事而不是逸闻趣事，所述大多为晚清的国变余闻，多为其亲历亲闻，因而出语沉痛，特别是《太平天国战纪》、《庚子国变记》、《割台湾记》、《拳变余闻》诸篇，简直就是一部满清衰亡史。

罗瘿公性情风雅，性喜交游，到北京后，才艺浪快脱颖而出，誉满京华。他长年出入名流聚会场所，人称"座上客常满，杯中酒不空"。他无分贵贱，"同声相应，同气相求"，特别热心扶持青年才俊，时人有"名士经纪"之誉。除了程砚秋，齐白石与涂悲鸿都得到过他的帮助。

市长圆了患儿的"六一"梦

◎得众生皆得饱，不辞羸病卧残阳。——李纲

在上海人民广播电台交通频道"爱心专列"编辑组里，活跃着一群富有爱心的记者。

在上海浦东儿童医学中心血液肿瘤病房里，住着一群受尽疾病折磨与命运抗争的患儿。

这两类生活在不同圈子里的人，因为爱而走到了一起。

2004年"六一"前夕，"爱心专列"编辑组的记者们在儿童医学中心召开了一次座谈会。正在该院接受治疗的白血病小患者周品渊、许茜茜和朱琼华等都抱病出席了会议。

其实，患儿们早在几天前就已获悉，编辑组的记者们要在"六一"这天送给他们一份特殊的礼物，这份礼物就是满足小朋友们的一个心愿。孩子毕竟是孩子，虽然他们时时刻刻面对死亡的威胁，但一提到礼物，都不由得兴奋起来。

个子最高的周品渊首先发言："我最喜欢我们中国的篮球明星姚明，我好想见见姚明叔叔。"坐在一旁的一脸胖胖的许茜茜也捺不住性子，说："我想做演员，现在因为化疗我很胖，但是我相信我会成为一个电影明星。我很喜欢陆毅哥哥，他演戏演得真棒。"孩子们像炸开了锅，你一言我一语，大家都畅所欲言。"我想见上海市的市长，"突然整个会场都安静了下来，坐在一旁年

龄最大的女孩朱琼华语出惊人，"我是海南来的孩子，在上海治疗。上海这个城市好美，医院的医生护士都很好，所以我想见见这里的市长，我还想和市长伯伯合影留念。"听到孩子的这些愿望，在场的大人们都被深深打动了。

回到广播电台，记者们开始联系社会各界一同来帮助这些孩子实现心愿。姚明远在美国，要他帮助周品渊实现梦想有难度；陆毅在全国各地拍戏，要把他请来也不是随便说请就请的；韩正市长日理万机，要请市长抽出时间来看这些孩子更不是件容易的事。真要实现这些孩子的梦想，倒让记者们着实为难了。但每当想起这一张张苍白的小脸，想起他们在化疗室与死神争夺生存权利的那一幕幕，想起他们充满期待的眼神，记者们感到无论如何也得想办法帮他们试试。记者们把邀请函向市长、姚明、陆毅传递过去，然后同小患者们一起敬候着佳音。

函早已发出，但"爱心专列"编辑组的工作人员心里谁都没有底。起初得到的消息都是那么不确定，毕竟联系的三位嘉宾都是非常忙碌的人，但爱心还是使一切成为了可能。5月27日是一个令人难忘的日子。先是陆毅打电话告诉记者他一定会来电台为小朋友送上一份礼物。之后又是姚明的经纪人打来电话说，虽然姚明不能到现场，但他会通过电话和小朋友交谈。而最让人激动的是当韩正市长得知小琼华的愿望时，欣然同意并表示要帮助小琼华实现她的梦想。韩市长还表示，即时他将和副市长严隽琪同志一起到儿童医学中心看望白血病患儿朱琼华和其他小朋友。得到这个消息，整个编辑组沸腾了。因为这些来自社会的善举不仅仅是一份节日的礼物，而且是为白血病患儿继续与病魔抗争注入了一股无穷的动力。

5月31日上午9点，阳光明媚，韩正市长和严隽琪副市长一行来到了儿童医学中心。韩市长一看到小琼华后，立即亲切地走到小琼华的身边问道："你就是从海南来的朱琼华？"朱琼华看到市长伯伯真的来看她了，激动得涨红了小脸羞怯怯地回答："是的，市长伯伯。""你要好好读书，好好治疗，以后一定能念好中学再读大学，身体会越来越好的。"市长说。"今天市长伯伯来看我，我真的很激动，以后我要在上海读书、治疗。长大后一定会为建设美丽的上海而出一份力。"琼华充满信心地说。韩市长和严副市长看到小琼华精神状态那么好，也笑得合不拢嘴。"来，来，你不是要和我们合影吗？快一起来拍照！希望你能早日康复！"韩市长笑眯眯地把小琼华拉到了身边，在此起彼伏的相机快门声中，小琼华圆了自己的"六一"梦。

小琼华圆了自己的梦，但"爱心专列"的爱心放送还在继续。5月31日的下午，姚明委托他的经纪人把他的大号签名球鞋、签名球衣和篮球送到了周品渊的手里。周品渊拿到这些礼品后紧紧地抱在怀里，一刻都不肯放手。就在记者跟周品渊说他所感兴趣的篮球话题时，电话铃响了。

"是姚明叔叔！"周品渊跳了起来，果然是姚明从训练基地打来了电话。周品渊怀里揣着礼品，手里拿着电话，说话的声音还有些微微地颤抖。姚明和周品渊足足聊了半个小时，而周品渊也从篮球谈到了自己的病情再谈到了自己的梦想。他告诉姚明叔叔，以后一定要好好治疗，长大了他也要当篮球运动员。周品渊也在这个"六一"圆了自己难圆的梦。

著名演员陆毅是亲自来到电台与许茜茜见面的，茜茜见到陆毅哥哥后也非常兴奋。他们在直播室里足足聊了一个小时，还成了好朋友。陆毅还特别为小茜茜唱了一首歌送给她，歌词中就有这么一句："面对困难我们齐肩并进，因为我们朝着阳光奔跑！"在歌声中，茜茜的双眼湿润了。

◎故事感悟

是社会的关爱让这些身处绝境的孩子增强了对未来生活的信心，也正因为社会各界对这些孩子的关心，他们的"六一"才如此绚烂！

感谢你们！所有用爱谱写患儿生命新篇章的人们。

◎史海撷英

"圆梦号"爱心专列

2007年9月5日下午，由中国青基会、中央电视台新闻频道、共青团广西区委、铁道部团委等联合主办的"圆梦号"爱心专列缓缓驶入了北京西站，宣告了本次活动圆满结束，成功地将来自广西、湖南、湖北、河南的1300名学子安全送抵他们的目的地。

"圆梦号"爱心专列是"2007共同关注·希望工程圆梦行动"的重要组成部分，得到了各界人士的关注。柳州铁路局得到本次运送大学生上大学的任务后，从路局领导到服务人员都引起了高度重视，做了大量的前期准备工作。除了客运部门选择了最好的列车承运本次任务外，还调配了首批获得"全国文明号"的服务班组。另外，为了丰富学生们的旅途生活，满足他们旅途中对各种信息的需求，本次列车中特别委托亿品传媒提供了精彩的视频节目，除了一些乘车须知外，还精心安排了小品、MV及最新电影。就在列车刚刚行驶过湖北的时候，本次列车的列车长代表全体乘务人员认捐了一名考上中央民族大学的广西籍学生。该车全体乘务员平时通过亿品传媒的列车视频及平面广告知道了这次"2007共同关注·希望工程圆梦行动"，被一个个感人的故事所打动，所以趁这次接送大学生的机会，献上了他们的一份爱心。

在党和政府及各界人士的关爱下，八千多名家庭经济困难的大学生得以顺利地走入大学校园，他们纷纷表示将更加努力地学习，完成学业后尽快回报社会、回报那些关心和帮助过他们的人。

◎文苑拾萃

中国青基会

中国青基会的全称是中国青少年发展基金会，是具有独立法人地位的全国性非营利性社会团体。由共青团中央、中华全国青年联合会、中华全国学生联合会和全国少先队工作委员会于1989年3月联合创办的。中国青少年发展基金会简称为"中国青基会"，英文译名为"China Youth Development Foundation"，缩写为"CYDF"。中国青基会属于全国性公募基金会，面向公众募捐的地域是中国以及许可中国青基会募捐的国家和地区。

青基会的宗旨是争取海内外关心中国青少年事业的团体、人士的支持和赞助，促进中国青少年教育、科技、文化、体育、卫生、社会福利事业和环境保护事业的发展，推动现代化建设和祖国统一，促进国际青少年间的友好关系，维护世界和平。

通过资助服务、利益表达和社会倡导，帮助青少年提高能力，改善青少年成长环境。中国青基会倡导"社会责任、创造进取、以人为本、追求卓越"的价值观。其发起实施的希望工程是我国社会参与最广泛、最富影响的民间公益事业。

一位军休干部的捐赠人生

◎穷则独善其身，达则兼善天下。——孟子

　　1923年，赵逢时出生在上海。父亲赵藕生是当时上海有名的画家，也是月份牌上年画的创始人。赵逢时17岁时师从万籁鸣先生，在上海新华电影制片厂工作。1941年"珍珠港事件"发生后，赵逢时失业了。此后，他在赌场当过茶房，做过账房，跑过单帮，还借钱开过小店，间或帮出版社画一些连环画。1950年，他考进第二军医大学绘图室，从此在教学岗位开始了另一种生活。

　　早在抗美援朝战争开始时，赵逢时就积极响应国家号召，把家中仅有的财产——一两黄金和12块银元悉数捐出，帮助国家购买飞机大炮。当时多数人对美帝国主义心存恐惧，家里有黄金的都深藏不露，即使没有的也想方设法买进作为"硬通货"贮备。因此，像赵逢时这样慷慨而为的是少数。

　　关于这一两黄金和12块银元，其中还有一段故事呢。解放前，为生计所迫，赵逢时向别人借了款，与人合股开了一家小店，专卖万金油等杂货、药材。小店只经营了一年多就关门了，作为小股东赵逢时才分红得了一两黄金和12块银元。在国家最需要的时候，他毫不犹豫地就把自己的劳动所得捐献出去。

　　1997年4月，赵逢时的老伴不幸病故，他领到2036元的丧葬费。在悲痛之余，他想到了老伴立志捐助失学儿童的遗愿，想到了失学儿童们渴望知识却被拒之校门外的痛楚。何不把丧葬费捐给希望工程，哪怕只能帮助一名失学儿童重返学校，也许就可改变一个人的一生啊！在做通子女的工作后，赵逢时不顾年老体弱，独自出发，换乘了好几辆公交车，来到希望工程办公室。当他气喘吁吁地把2036元钱交到希望工程办公室工作人员手里时，工作人员的眼睛湿润了，赵逢时却欣慰地笑了。因为他看到了失学儿童的希望，看到了老伴在九泉下对他的行动露出的赞许微笑。

后来，这件感人的事迹在《希望》刊物上作了专题报道。有人对赵逢时的行为不以为然，有人甚至怀疑这是炒作的结果，但更多的人由衷地对赵逢时的崇高情操生出敬佩之情。无论听到何种议论，赵逢时都只是淡淡地说："能让更多的失学儿童就学，是我真诚的愿望。"

老伴去世后几年，赵逢时在亲朋好友的帮助下，再次成家了。按常理，就算喜事不大操大办，至少也要请亲戚朋友聚一聚，吃上一顿饭，搞一个小小的仪式才行。可是，一生节俭的赵逢时在这件事情上也不愿铺张浪费。他觉得，与其把钱花在吃吃喝喝上，还不如省下来多帮助几个需要帮助的学生。于是，他不顾家人和朋友的劝阻，硬生生从有限的婚礼费用中挤出3000元钱，再次捐到希望工程办公室。赵逢时说："婚礼不办不要紧，学生不读书可就误了一辈子啊！"

退休后，赵逢时先后为希望工程和赈灾捐款共八千多元。也许有人会说，8000元并不是一个很大的数字。可是有谁知道赵逢时是怎样从有限的收入中挤出这笔钱的呢？1997年发生特大洪涝灾害，许多地方的学校都被洪水冲毁了。当时赵逢时的二女儿在内蒙古自治区扎兰屯的家也被洪水淹没，外孙考取大学急需付学费；小女儿又面临下岗，每月仅有200元收入。赵逢时自己也身患疾病，还需自己承担部分医药费。这是赵逢时一家最困难的时候，也是最需要用钱的时候。可是，一听到灾区急需要钱时，赵逢时又坐不住了。他从平时的积蓄中挤出300元钱，冒着高温汇到了灾区。

在医学单位工作了几十年，赵逢时深知人体解剖是医学教学的基础。然而，由于人们对死亡的观念还停留在某些迷信的认识上，第二军医大学的尸体来源一直非常缺乏。赵逢时看在眼里，急在心里。因此，早在20世纪80年代初，他就有了捐献遗体的想法。他把自己的打算讲给前老伴石素珍听，没想到和老伴的想法不谋而合。石素珍爽快地说："我也正有这个意思。人都死了，还有什么放不下的呢？我和你一起捐。"于是，1985年11月，赵逢时和石素珍夫妇两人一起到第二军医大学红十字会捐献站办理了遗体捐献手续。在拿到《遗体捐献纪念证》的那一刻，他们携手而笑，神圣之余感到一种前所未有的欣慰。

1997年4月，赵逢时的老伴石素珍不幸病故。在病危之际，石素珍向赵逢时提出了三个"要求"：一是实现捐献遗体的诺言；二是将丧葬费捐献给希望工程；三是希望自己走后，赵逢时在亲朋好友的帮助下找个老伴再成家。怀着悲痛的心情，遵照老伴的遗愿，赵逢时把老伴的遗体捐献到第二军医大学，把丧葬费捐给了希望工程。

总有人忍不住问赵逢时这样一个问题："您觉得您所做的一切都值得吗？"对此，赵逢时多报以淡淡一笑。他说："人活一辈子，做很多事情不是用值不值得来衡量的。我已经是81岁的人了，没什么放不开的。"

◎故事感悟

在赵逢时的人生岁月里，一次次捐赠的义举、一桩桩无私奉献的感人事迹，串起一曲动人的旋律。可是在他的内心深处，从来就未曾把自己的行为和"奉献"、"崇高"等词语画等号。因为赵逢时认为，在力所能及地为需要帮助的人付出爱心，为社会、为国家做点事，是每个人都应该做的，也是生活中再平常不过的一部分。

◎史海撷英

希望工程的设立

希望工程是中国青基会发起倡导并组织实施的一项社会公益事业，其宗旨是资助贫困地区失学儿童重返校园，建设希望小学，改善农村办学条件。希望工程自1989年10月实施以来，至2004年的15年间累计接受海内外捐款22亿多元，资助250多万名贫困学生上学读书，援建希望小学9508所，在每100所农村小学中，就有两所是希望小学，培训希望小学和农村小学教师2300余名。科技部中国科技促进发展研究中心评估表明：希望工程已经成为我国20世纪90年代社会参与最广泛、最富影响的民间社会公益事业。

希望工程在中国青基会及其授权的各级希望工程实施机构的努力推动下，得到了社会各界、海内外团体、企业和个人的积极支持和热情参与，取得了令人瞩目的实施成果和综合效益，赢得了党和政府以及全社会的高度评价，已成为我国最具社会影响和享有崇高声誉的民间公益事业。

希望工程的实施，改变了一大批失学儿童的命运，改善了贫困地区的办学条件，唤起了全社会的重教意识，促进了基础教育的发展；弘扬了扶贫济困、助人为乐的优良传统，推动了社会主义精神文明建设。

1990年9月5日，邓小平为"希望工程"题名。1992年6月10日和10月6日，邓小平同志两次以"一位老共产党员"的名义向希望工程捐款5000元。1991年11月，江泽民同志为希望工程题词："支持希望工程，关心孩子成长。"他还多次为希望工程捐款，到贫困地区专门看望失学的孩子，并嘱咐一定要解决好失学问题。1992年3月，李鹏同志为希望工程题词："希望工程，救助贫困，兴学利民，造福后代。"

◎文苑拾萃

遗体捐献

遗体捐献，是指自然人生前自愿表示在死亡后，由其执行人将遗体的全部或者部分捐献给医学科学事业的行为，以及生前未表示是否捐献意愿的自然人死亡后，由其直系亲属将遗体的全部或部分捐献给医学科学事业的行为。

遗体捐献的要求：

凡在本省居住、无偿的志愿捐献遗体者，可直接到登记接受站登记手续，也可与省红十字会联系，由省红十字会介绍到就近的登记接受站办理登记手续。

志愿无偿捐献遗体者需填写申请，后到就近的公证处办理公证。同时，登记接受站要向正式登记者颁发由省红十字会统一印制的"志愿捐献遗体纪念证"。

　　生前未办理志愿捐献遗体申请登记手续的，但本人临终前或死后其直系亲属要求志愿捐献遗体，要取得死者工作单位或公证处证明后，才能到登记接受站办理接受捐献遗体的手续。志愿捐献者可以变更或撤销登记。但要先办理变更或撤销登记申请公证。

　　国家规定的甲、乙类传染病人的遗体不列入志愿捐献遗体范畴。

ZHONGHUACHUANTONGMEIDEBAIZIJING

中华传统美德百字经

恤·恤寡怜贫

第二篇

赈穷恤寡

王玉涧成人之美

◎为彼，犹为已也。——《墨子》

王玉涧是明代苏州长洲县人。他用20两银子成全了一对青年男女的婚事，至今成为当地人们的美谈。

当地的张家和陈家结亲，不仅是因为两家的物质条件相当，所谓"门当户对"，而且一对年轻人也情投意合。双方家长在媒人的撮合下，准备两年以后给他们完婚。

可是，天有不测风云。也就是在这两年中，张家和陈家都发生了巨大的变化，不是往好的方面变化，而是都破落了。

一般说来，由穷变富，生活会变得阳光灿烂；而由富裕向贫穷转变，人往往是无所适从，也是难以接受的。

眼前的张家与陈家的生活，几乎难得见到曙光。这两个家庭，到底变成了什么样子呢？

穷得女方家没钱陪送女儿，男方家也没能力迎娶新娘。眼看约定的婚期迫近，两家双亲都急得如热锅上的蚂蚁，不知道究竟该怎么办才好。

于是，张家请求王玉涧到陈家去打听一下，是不是按约定好的日期把女儿嫁过来。

张家为什么要请王玉涧去陈家打听有关婚事的情况呢？王玉涧虽然不是媒人，但却是本地出名的好心人，只要有人央求，他都肯帮忙，成全好事。

王玉涧得知了张家的情况，心里有数，答应去陈家探听口风。他决定根据实际情况，帮助张家促成这桩美事。

王玉涧来到陈家，说明了来意，但是女孩子的父亲却迟迟不肯表态。

王玉涧见女孩的父亲面露难色，以为是发生了什么变故，就试探着问："你家是不是要毁掉婚约呀？"听王玉涧这么问，女孩父亲连忙摆手说："不是，不是，两个孩子都觉得好，我们也没有意见，只是……"往下的话，似乎再难以启齿。

王玉涧又问："既然没有我猜想的意思，那到底是为什么呢？"

陈家父亲被王玉涧追问不过，只好很不好意思地说："您不知道，如今我家比不得前两年，日常开销捉襟见肘也就罢了；没钱不花，粗茶淡饭勉强下咽也就克服了；粗布衣裳，只要能遮体御寒，也能将就。不怕您笑话，如果我能拿出女儿的嫁妆钱，也就不至于这么犯愁了。"

听到这里，王玉涧问他："给女儿置办嫁妆，得多少银子？"

女孩的父亲说："张家若是能给20两银子做聘礼，就可以准备嫁妆让他们完婚。"

王玉涧听了陈家父亲的话，才有意打量起陈家的陈设来，他这才突然觉得，如今陈家的景况真的大不如以前了。于是，王玉涧对陈家父亲说："这事儿好办，包在我身上了，让张家送来20两银子就是了。"王玉涧说完，就离开了陈家。

在回来的路上，王玉涧越想越不对劲：我虽然代表张家答应了陈家要20两银子的条件，可如今的张家根本就拿不出这笔银子来。假如我与张家说出陈家提出要20两银子的事儿，他们拿不出来，这桩婚事可就办不成了。

于是，王玉涧就从自己家拿了20两银子送到陈家，让他们赶快准备嫁妆。就这样，到了约定的婚期就可以完婚了。

张家娶上了媳妇，陈家聘了女儿，一对新人的婚事很圆满，两家皆大欢喜。可他们哪里知道，若不是王玉涧背着两家自己出了20两银子，这桩婚事也就泡汤了。

张家以为陈家没要财礼，就把女儿嫁过来，体谅如今他家的境遇，没有嫌贫爱富，对亲家的做法很满意。陈家认为，张家理解目前陈家的处境，出20两银子给女儿置办嫁妆，他家女儿也不算吃亏。

王玉涧对自己掏了20两银子成全他们两家好事的事情始终守口如瓶，当然，张陈两家虽然结了儿女亲家，却始终不知道这20两银子的事情。

◎故事感悟

君子成人之美。王玉涧乐于助人，而且不求回报，做好事始终守口如瓶，他的这种高尚的情操和济危扶困的行为是我们广大青少年学习的典范。

◎史海撷英

明朝私营工商业的发展

明朝无论是铁、造船、建筑等重工业，还是丝绸、纺织、瓷器、印刷等轻工业，在世界都是遥遥领先，工业产量占全世界的2/3以上，比农业产量在全世界的比例还要高得多。明朝民间的工业不断壮大，而官营工业却不断萎缩。

明朝以较短的时间完成了宋朝手工业从官营到私营的演变，而且变化得更为彻底。迄至明朝后期，除了盐业等少数几个行业还在实行以商人为主体的盐引制外，大多数手工业都摆脱了官府的控制，成为民间手工业。所以，如果说中国农业的私有化出现于战国与汉代，那么，中国手工业的完全私有化则迟至明代。

晚明时，中国民间私营经济力量远比同期西方强大，当英国商人手工场业主拥有几万英镑已算巨富时，明朝民间商人和资本家动用几百万两的银子进行贸易和生产已经是很寻常。郑芝龙海上贸易集团的经济实力达到每年收入数千万两白银，当时荷兰的东印度公司根本无法与之相抗衡。

在商业都市的发展规模、人口城市化状况和市场化程度方面，16世纪的欧洲城市规模较小，1519年至1558年时期，拥有2万~3万人口即可称为"大城市"。根据德国地理学家奥尔布里希特的计算，1600年以前，欧洲的城市人口不到总人口的5%。16世纪初，欧洲没有一座突破20万人口的城市，拥有10万~20万人口的城市也只有5座；直至16世纪末至17世纪初期，人口在15万以上的商业城市才上升为4座。从城市规模和人口比例看，晚明中国的城市化程度反倒稍高一些。

据伊懋可的数据，中国城市人口在明朝末年占到总人口的6%～7.5%。据曹树基的估计，1630年时中国城市化率已达到8%。

◎文苑拾萃

仁宣之治

明仁宣之治是明成祖朱棣以后，明仁宗朱高炽和明宣宗朱瞻基采取了宽松治国和息兵养民的政策。明初社会经济经洪武、建文、永乐三朝的恢复发展，到仁宗、宣宗两朝，出现了社会经济的繁荣。仁宗时"停罢采买，平反冤滥，贡赋各随物资产，陂池与民同利"。宣宗时实行重农政策，赈荒惩贪。仁宣两朝，内阁大学士杨士奇、杨溥、杨荣执掌朝政，多有建树。他们在位期间成为历史上的吏治清明、经济发展、社会稳定的时期。后世称之为"仁宣之治"，比之于西汉"文景之治"。

韩乐吾"望烟送粮"

◎有力者疾以助人，有财者勉以分人，有道者劝以教人。——《墨子》

韩乐吾（生卒年不详），名贞，号乐吾。明朝嘉靖兴化韩家窑（戴窑镇西北）人。韩乐吾被誉为"东海贤人"，在他的家乡，流传着不少关于他乐善好施的传说故事。

有一年发生大饥荒，很多人都没有饭吃，韩乐吾家里也只剩下两升米，顶多再维持两天就要断粮了。这时，韩乐吾听说他的一个朋友已经断粮三天了，就准备把自家的米分给朋友一半。妻子问他："你分一半给他，咱家明天怎么办？"韩乐吾说："咱家明天没粮了，咱们明天就开始饿着。现在他已经断粮三天了，说不定今天就要饿死了。"最后，韩乐吾还是把粮食分了一半给朋友。

韩乐吾潜心办塾馆，坚持"有教无类"的教学原则，并免除所有穷人家孩子的学费，学生越来越多，以至两间屋的塾馆都挤不下。后来，他的妻子杨妹将织蒲席积攒下来的钱全拿出来，又向她哥哥借了一些，在自家东面的空地上又建了三间塾馆。

1554年春天，韩乐吾的家乡遭受了虫灾，庄稼颗粒无收。韩乐吾看到乡亲们没饭吃，他只好将塾馆卖掉换粮救济乡亲。韩乐吾将卖塾馆换来的几十担粮食全部分给贫困乡亲，而自家却一粒粮食也没留下。"你家没粮了怎么办？"有人提出质疑，看到此种情形，最后几个分到粮的乡亲不忍心要粮。

"没关系，我回娘家借点！"韩乐吾的妻子杨妹说。

后来，韩乐吾夫妇俩将堂屋和卧室腾出来，并在门前搭了个防雨棚作塾馆。一家人夜里睡到学生的桌子上，早上早早起来撤铺。

幸好，当年秋天收成不错，乡亲们收好稻，争相偿还韩乐吾。韩乐吾却不肯收，表明想重建塾馆，只要大家帮帮工就行了。

乡亲们听后，商量了个主意，趁着深夜，把砌塾馆的建材悄悄买好运到塾馆旧址上。第二天，方圆几里的木匠、瓦匠等拿着锯子、瓦刀自发赶来做起了义工。三天时间，新塾馆就建成了。

有一天，韩乐吾从外地讲学回家，途中被剪径的打劫。他不但把讲学的薪水全给了他们，还脱下一身外衣。这时，韩乐吾对他们说："我不能再脱了，否则我连遮身之物也没有了。其实，我也知道你们是穷得没办法才这样做的。"

说罢，韩乐吾径自往家走。过了一会儿，韩乐吾听到身后有脚步声，以为剪径的不知足，又来要他的内衣。而令韩乐吾没想到的是，那三个剪径的汉子慌慌张张来到他的面前，纷纷跪倒，嘴里连连说："我们有眼不识泰山，冒犯了大名鼎鼎的韩乐吾先生！实在对不起您！东西全还给您！我们怕您再遇强盗，所以特地送您回家。"

当晚，三个剪径的汉子把韩乐吾一直送到了家门口，然后转身就走。

韩乐吾连忙拦住他们说："银子你们全拿去，衣服我收下，到我家吃点东西再走。钱财如粪土，仁义值千金。"当晚，韩乐吾特地将妻子叫起来为他们弄夜宵。

韩乐吾了解到这三个剪径的汉子本来都是好人，因交不起官税地租，被逼无奈，才走了这条路。韩乐吾什么都没说，叫妻子凑了点铜钱给他们，劝他们三人合伙做生意，或帮人家做工，千万不要再做这种事。临别时，韩乐吾特地写了一幅字送给三人："见善行善，如春园之草，自有芬芳之日；见恶行恶，如磨刀之石，必有灭身之时。"

据传，在数九寒天、大雪纷飞的日子里，韩乐吾时常担心一些穷苦的人因断炊被饿死。但他既要忙于教学，又要顾及一家人的生活，没有多余的工夫去了解每一家的生活情况。后来，他终于想出了"望烟送粮"的办法。

每当煮饭的时候，韩乐吾就爬到自家的废窑顶，放眼四望，发现谁家烟囱里不冒烟，烟囱旁边积雪未化，他就判断这户人家缺草缺粮。然后，他从家里背上一捆草，带上一瓢米，给这户人家送去。

韩乐吾"望烟送粮"的办法，帮助了不少贫困家庭，也救了不少将被饿死的人。韩乐吾给孤儿余坯家送过好几年粮草。余坯的爷爷死后，韩乐吾又将余坯带到自家读书，并帮他成家立业。后来，余家把韩乐吾当做第一始祖供奉。

◎故事感悟

韩乐吾"望烟送粮"、乐善好施的精神，至今仍在人民群众中广为传诵，并将永久流传下去。他"见善行善，如春园之草，自有芬芳之日；见恶行恶，如磨刀之石，必有灭身之时"的一幅字，也必将成为后人时刻铭记的警言。

◎史海撷英

明朝厂卫机构

明朝主要的情报机构包括锦衣卫、东厂和西厂，武宗时期还一度设有内行厂。锦衣卫设立于洪武十五年，负责侦查国内外情报，直接对皇上负责，拥有可以逮捕任何人，并进行秘密审讯的权利。在东厂设立后，锦衣卫权力受到削弱。东厂成立于永乐十八年，是明成祖为了镇压政治上的反对力量而成立，地点位于京师东安门北。东厂主要职责就是监视政府官员、社会名流、学者等各种政治力量，并有权将监视结果直接向皇帝汇报。依据监视得到的情报，对于那些地位较低的政治反对派，东厂可以直接逮捕、审讯；而对于担任政府高级官员或者有皇室贵族身份的反对派，东厂在得到皇帝的授权后也能够对其执行逮捕、审讯。东厂在设立之初，就由宦官担任提督，后来通常以司礼监秉笔太监中位居第二、第三者担任。西厂设立于宪宗时期，首领为汪直。1482年后被废，其后又被武宗短暂恢复。内厂设置于武宗时期，首领为宦官刘瑾。刘瑾伏诛后，内厂与西厂同时被废，仅留东厂。

◎文苑拾萃

郑和航海图

　　明代航海图籍。原名《自宝船厂开船从龙江关出水直抵外国诸番图》，后人多简称为《郑和航海图》。约成于洪熙元年（1425 年）至宣德五年（1430 年）间。原图为自右而左展开的手卷式，茅元仪收入《武备志》卷二百四十后改为书本式，共二十四页，包括茅元仪序一页，图二十页，《过洋牵星图》两页（四幅），空白一页。

　　该图制作于郑和第六次下西洋之后，全体下洋官兵守备南京期间。其时正值明宣宗朱瞻基酝酿再下西洋之际，因将郑和船队历次下西洋航程综合整理，绘制成整幅下西洋全图，为郑和使团适应下西洋的需要而集体编制的不朽之作。全图以南京为起点，最远至非洲东岸的慢八撒（今肯尼亚蒙巴萨）。图中标明了航线所经亚非各国的方位，航道远近、深度，以及航行的方向牵星高度；对何处有礁石或浅滩也都一一注明。图中列举自太仓至忽鲁谟斯（今伊朗阿巴丹附近）的针路（以指南针标明方向的航线）共五十六线，由忽鲁谟斯回太仓的针路共五十三线；注返针路全不相同，表明船队在远航中已灵活地采用多种针路，具有高超的航海技术和较高的海洋科学水平。在图中郑和船队所经之地，均有命名。图中的约五百个地名中，外国地名约三百个，大大超过汪大渊《岛夷志略》一书所收的外国地名。

五担麦子

◎民，吾同胞；物，吾与也。——《正蒙·乾称》

范纯仁（1027—1101年），北宋大臣。字尧夫。吴县（今江苏苏州）人。范仲淹次子。以父恩补太常寺太祝。皇祐元年进士及第，以事亲不赴官，后为范仲淹执服毕始出仕。

范纯仁是北宋著名文学家、政治家范仲淹的儿子，他受父亲影响，性情敦厚善良、正直无私。有一次，范仲淹让他把五担麦子从水路运回家乡，范纯仁于是带着人从运河出发了。

一天傍晚，范纯仁一行靠岸休息。岸上传来一阵喧闹声，纯仁走上岸去，只见一个衣衫褴褛的中年人正在卖字画，旁边还站着许多围观的人。

中年人脸色憔悴，语调凄切："在下石曼卿，父母双亡却无钱安葬，无奈在此卖字。请各位过往好人开恩，买些字画，好让在下父母早些入土为安，了却我为人子的心愿。"

范纯仁内心感到一阵痛楚，于是他走上前问道："先生的遭遇令人叹息，可是这卖字画所得的钱款微乎其微，先生何时才能筹足安葬费呢？"

石曼卿仰天长叹一声，忍不住潸然泪下。

范纯仁见了，心中更加不忍。忽然，他上前几步，举起双手，把挂在墙壁上的字画全摘了下来，然后大声说："先生，这些字画我全要了。"

石曼卿大喜过望，可是神情马上又黯淡了下来，低声说道："我的笔墨平平，相公不该一下子买我这么多字画。"

范纯仁说："你我都是读书人，买不买字画都是小事，你就当交了我这个朋友吧。"说完，便拉着石曼卿走向小船。

范纯仁指着五担麦子说："石先生，你我虽然是萍水相逢，但君子当急人所急。今日先生有急难之事，我理当相助。这五担麦子是家父让我送回老家的，请先生收下，拿回家去卖掉，再买块坟地安葬老人吧！"

石曼卿一时语塞，只是一个劲地摇手："万万不可，万万不可……"

"先生不必客气，这些麦子就当是我借给先生的，他日先生方便时再还我就是了。"纯仁说着，吩咐仆人赶快去抬麦子。

石曼卿感激得泪如雨下。

回家后，范纯仁将此事一五一十地禀报父亲。范仲淹非但没有责怪他，反倒高兴地夸奖道："孩子，你做得对！君子当急人所急！"

◎故事感悟

"君子当急人所急"，范纯仁把自家麦子送与需要帮助的穷苦读书人，正体现了其恤寡怜贫、急公好义的高尚情操。

◎史海撷英

勿因人废言

范纯仁为人正派，政治见解与司马光同属保守派。熙宁二年（1069年）七八月间，范纯仁上书皇帝，公开指责王安石"掊克财利"，他也因反对王安石变法遭贬逐。但司马光复相后，坚持要废除"青苗法"。对此，范纯仁却不为然。范纯仁对司马光说："王安石制定的法令有其可取的一面，不必因人废言。"他希望司马光虚心"以延众论"，有可取之处的主张尽量采纳。可惜司马光并不以此为意，只把范纯仁的看法当做耳边风。司马光尽废新法，不能不说他带进了自己的个人情绪的影响。苏轼、范纯仁等人相当惆怅地叹息："奈何又一位拗相公。"

◎文苑拾萃

鹧鸪天·和持国

范纯仁

腊后春前暖律催。日和风软欲开梅。

公方结客寻佳景，我亦忘形趁酒杯。

添歌管，续尊罍。更阑烛短未能回。

清欢莫待相期约，乘兴来时便可来。

沈道虔乐于助人

◎人义其自敬也，万衬后人敬诸。——扬雄《法言·君子》

> 沈道虔（生卒年不详），吴兴武康人。从小就乐于助人，急公好义。喜欢读《老子》、《周易》。

　　沈道虔是吴兴武康人，是我国宋朝时一位品德高尚的隐士。他蔑视当朝权贵，不满统治者的懦弱无能，看不惯官场中"举秀才，不知书；察孝廉，父别居。寒素清白浊如泥，高第良将怯如鸡"的腐败现象，就早早地辞官不做，仿效陶渊明，当了一名隐逸世外的农夫。

　　尽管种地的日子非常清贫、辛苦，仅够填饱肚子，但沈道虔只要一有机会，总是尽可能地去帮助、周济别人。有时候甚至宁可自己挨饿，也要把地里种出的一点粮食让给其他更困难的人。

　　有一次，沈道虔外出访友。一个小伙子趁他不在，偷偷溜进他的菜园里拔园中的萝卜吃。正好这天沈道虔的朋友不在家，于是沈道虔很快就回来了。刚刚走到村边，沈道虔发现了自己园子里有人在偷萝卜。要是换作别人，一定会悄悄走过去，抓住偷萝卜的人，叫他赔偿。可沈道虔并不这样，他跑到村里的草垛后躲起来，等到那偷萝卜的人偷够了离开菜园后，他才出来。村里有人发现了躲在草垛后的沈道虔，问明情况后，好奇地说："沈居士，就算你不追究他偷你东西，起码也该阻止一下啊。你倒好，反而躲起来怕他发现，好像你是贼似的。他把你园中的萝卜偷光了，看你吃什么！"沈道虔笑笑说：

"他偷萝卜是因为饿得太厉害了，我要是突然出现，一定会吓着他。几个萝卜算不了什么，总不能为这点小事伤了人家的自尊心，坏了别人的名声啊。"

又有一个人偷沈家屋后的竹笋，沈道虔劝阻说："我珍惜这些竹笋，是想让它长成竹林，我有比这更好的竹笋再送给你。"于是自己掏钱买了一些大竹笋送给那个人。那偷拔竹笋的人感到十分惭愧，没有接受，沈道虔便亲自把竹笋送到那人的家中才回来。

遇上干旱或水灾的时节，田里收成不好，沈道虔常常靠拾取别人收割后、遗留在田里的禾穗过日子。有一次，同他一块去拾禾穗的人为了几株禾穗发生了争吵。沈道虔几次劝阻，他们还是吵嚷不休，沈道虔就把自己拾得的禾穗都给了他们。争吵的人感到十分内疚，都推辞不受。后来每当与人发生争执时，他们就互相告诫说："不要让沈居士知道了。"

冬天，沈道虔没有钱添衣御寒，这件事被当时著名的山水画家戴颙知道了。戴颙十分爱惜沈道虔这样的人才，便把他接到家中，替他做了好几件冬衣，并送给他一万钱。沈道虔回到家中，发现乡里还有好几个冻得缩在屋角发抖的邻居，就把戴颙送给他的衣服和钱全部分给了这些没有衣服的人。

◎故事感悟

沈道虔为人热诚善良，并乐善好施，宁肯自己吃苦受冻也要帮助别的穷苦百姓，他的这种行为和品质是多么高尚啊！在他的身上，我们看到中华民族传统美德的集中体现。

◎文苑拾萃

冬月无复衣

解释：冬天没有第二件衣服可穿。形容家境贫寒。

出处：《宋书·沈道虔传》，"冬月无复衣，戴颙闻而迎之，为作衣服，并与钱一万。"

苏东坡助人偿债

◎德，福之基也；无德而福隆，犹无基而厚墉也，其坏也无日矣。——《国语·晋语六》

苏轼（1037—1101年），字子瞻，又字和仲，号"东坡居士"，世人称其为"苏东坡"。汉族。眉州（今四川眉山，北宋时为眉山城）人，祖籍栾城。北宋著名文学家、书画家、词人、诗人、美食家，"唐宋八大家"之一，豪放派词人代表。其诗、词、赋、散文均成就极高，且善书法和绘画，是中国文学艺术史上罕见的全才，也是中国数千年历史上被公认文学艺术造诣最杰出的大家之一。其散文与欧阳修并称欧苏；诗与黄庭坚并称苏黄；词与辛弃疾并称苏辛；书法名列"苏、黄、米、蔡"北宋四大书法家之一；其画则开创了湖州画派。

北宋政治家范仲淹提出自己为人处世的准则："先天下之忧而忧，后天下之乐而乐。"这既体现了一种忧国忧民、关心民众疾苦的宏大抱负，也表达了一种急人之所急、想人之所想的与人为善的情怀。中国古代许多志士仁人都是这样去身体力行的，我国著名的文学家苏东坡就是这样一个忧人之所忧、同情关心他人的光辉典范。他不仅关心祖国的安危荣辱，而且对身边的人也同样关怀，见人有了困难总是倾力帮助。

东坡先生在钱塘任职时，有人告发了一位欠绫绢钱两万而不还的人。先生仔细查看状纸，推敲实际情形，觉得被告不像是个阴险狡诈、故意欠钱不还的无赖，于是马上差人叫这人来问话，看究竟是怎么回事。这人到了堂上，行过礼后便低头默默不语，既不向东坡哭诉，也不大喊冤枉，只是满脸愁苦的样子，偶尔叹一口气。东坡见他衣着破旧，行为规矩，倒像是个通情达理的穷苦老实人，于是问道："有人告你欠钱不还，你可知罪？"这人叩头表示认罪。东坡见他毫不申辩，于是又问："我看你并不像胡搅蛮缠的人，你不还钱，是不是有什么隐情？"这人抬头感激地看了东坡一眼，见东坡与那些只求得过且过、办案草草了事的官员不同，于是恭恭敬敬地回答道："我家世代以制扇为业，而今父亲刚刚去世，妻子又在这时候生了孩子；加之从今春以来，阴雨连绵，天气寒冷，做好的扇子卖不出去，造成大量积压。实在是无钱还债，不是我故意拖欠不还。"东坡仔细打量了他半天，觉得这人如果仅因为无力偿债而坐牢，实在有些冤枉，并且会使他本来就已经十分窘困的生活雪上加霜。东坡不由得对他动了恻隐之心。这时他突然想出了一个主意，就对这卖扇人说："姑且把你所做的扇子拿来，我为你卖出去。"这人抬头惊讶地说："这怎么行呢？您可是大老爷啊！"苏东坡笑笑，挥一挥袖子说道："你去就是了。"这人连忙叩头谢恩，然后跟着两个差人往家里走去。

不一会儿扇子拿来了。东坡取出夹绢做的白团扇二十把，提起书案上批文用的判笔，在扇面上或作行草书法，或作枯木竹石绘画，不出一顿饭的工夫就完成了。只见原本洁白的扇面上，顿时出现了行云流水的书法和栩栩如生的图画，有的翩若惊鸿，有的矫若游龙，有的活灵活现，有的超尘脱俗。东坡把它们交给卖扇人说："拿出去卖掉，赶快偿还所欠的债。"这个人抱着扇子感激涕零地出去了。刚刚走出公府大门，一些好奇的人争着以高价买团扇，这人手中的扇子一下子就卖完了；后来的没能买到扇子的人，都紧紧地围着卖扇人，想看看还能不能以更高的价钱购得一把，最后发现实在是没有了，才十分懊丧地走了。卖扇人不仅还清了所欠的债，还得到一点盈余。

整个县城的人听到这件事都嗟叹再三，甚至有人为苏东坡此举感动得掉了眼泪。

◎故事感悟

作为一方父母官，苏东坡能够体恤民情，谅解卖扇人的难处，并用自己的才学帮助卖扇人把扇子卖掉清还了债务，这种行为真是可贵，不愧为后人世代颂称的名家大儒。

◎史海撷英

苏轼的两次被贬

1079年（元丰二年）苏轼因为作了几首讽刺诗，被御史李定等挑出几句，在神宗面前奏他怨谤侮慢，神宗命李定办理此案，苏轼险些被处死，幸亏神宗怜才，苏轼方保一命，被贬到黄州去做团练副使。"东坡居士"的别号，就是他到黄州在东坡建了一间屋后自取的。

司马光上台，苏轼被召回汴京。司马光当权以后，把王安石新法一律废除，对此，苏轼很不满，主张保留其行之有效的部分。有人把他看成第二个王安石，使他在旧党中也无法容身，只好又自请外调，做过杭州、颖州、扬州、定州等地的太守。绍圣元年（1094年）哲宗亲政，新党再度上台，苏轼又因"诋谤先朝"的罪名，远贬惠州、儋州（海南岛）。

苏轼在政治方面，应该说是个良吏。他在徐州任职时，正值黄河决口，水漫徐州城，富民纷纷出城避水，苏轼为不使民心动摇，将富民赶进城中，亲自带领军民筑堤防水，"过家不入"，徐州得以保全。他在杭州任职时，大旱，饥疫并作，他请求朝廷免去该地上供物品的三分之一，以救济灾民。

就在苏轼被贬官黄州后，进入了政治上的失意时期，然而，这却是文学上的丰收季节。他在诗、词、赋等方面都取得了很大的成就，并继欧阳修之后，成为北宋文坛领袖。

◎文苑拾萃

苏轼与《念奴娇·赤壁怀古》

苏轼多次游览黄州赤壁，面对滚滚东流的长江，想到自己建功立业的抱负如这东去的流水，不禁俯仰古今，浮想联翩，写下了千古名篇《赤壁赋》、《念奴娇·赤壁怀古》。他慨叹"千古风流人物"一去不返，气势突兀，雄视千古，通篇充满了作者的美妙理想同可悲现实的矛盾。他本希望像三国时的豪杰那样建立功名，但可悲的现实却是"早生华发"，一事无成，反落得贬官黄州，这怎不使他发出"人生如梦"的哀叹呢？在《念奴娇·赤壁怀古》中，作者写景咏人，怀古伤今，慷慨激昂，苍凉悲壮，气势磅礴，一泻千里，被人誉为"千古绝唱"。这首词的成就，使他创立的豪放词在我国词的发展史上占有重要地位，对后世有浪大影响，至今仍为词家所宗法。

孙秀实待人以善

◎不贵于无过，而贵于能改过。——王守仁《改过》

> 孙秀实（生卒年不详），元朝大宁人。他秉性宽厚仁慈，热心周济有困难的穷苦百姓。

中国有句俗话，叫做"雪里送炭真君子，锦上添花滥小人"，说明帮助人要帮在别人急难之时，因为那些处于困境中的人更需要别人的抚慰和关心。我国元朝时以"孝友"而闻名当世的孙秀实，就是这样一位雪中送炭、急人所急的人。

孙秀实是元朝大宁人，同乡王仲和曾托他作担保，向乡里的富人借钱做生意，后来因为贫穷而没有能力偿还，王仲和竟然丢下家里唯一的亲人——他年迈的父亲逃走了，从此杳无音讯。富人虽然相信孙秀实的为人，但因为连本带利已欠下不少，借债的人又已经逃得不知所踪，不得已而向担保人孙秀实讨过好几次债。孙秀实的家人因此埋怨他轻信王仲和，最后落得个被人催债的下场。孙秀实却不以为然，反而充满同情地说："仲和在外面一定过着不安心的苦日子，还有他家里的老父亲，实在是可怜。我们得经常照看着些，才不辜负同乡的情谊啊！"于是，孙秀实便隔三差五地去仲和家，代他探望老父，并帮着做些力气活，有时还送些吃穿用具过来。

过了几年，王仲和的父亲思念儿子，生了重病。孙秀实每天送去柴米慰问，王仲和的父亲还是始终提不起劲来，终日流着眼泪。孙秀实可怜仲和的老父，不顾别人的拦阻，变卖了家里的田产和一些值钱的东西，好不容易代仲和偿还了全部欠债。孙秀实取回债契还给仲和的父亲，又请别人骑着马带上钱，寻找仲和。过了一个多月，王仲和被找回来了，父子终于欢聚，仲和父亲的病也一天天好起来了。

听说此事的人无不感赞扬孙秀实的为人。

◎故事感悟

孙秀实为人热诚善良、乐于助人，他为了帮助穷苦朋友宁愿牺牲自己的利益，这种品质是多么高尚啊！

韩愈为民请命

◎善恶生于公私。——独孤及

> 韩愈（768—824年），字退之。汉族。唐河内河阳（今河南孟县）人。自谓郡望昌黎，世称韩昌黎。唐代"古文运动"的倡导者，宋代苏轼称他"文起八代之衰"，明人推他为"唐宋八大家"之首，与柳宗元并称"韩柳"，有"文章巨公"和"百代文宗"之名。著有《韩昌黎集》四十卷、《外集》十卷、《师说》等等。

　　唐德宗年间，长安地区遇到了几十年未遇的大旱。田地龟裂，禾苗枯萎，大路上积着没脚深的浮土。这里已有半年滴雨未下了。

　　一天，一匹枣红马驰出京城长安。马上坐着一位头戴高冠，身着青色官袍的30多岁的人，他就是当朝御史（专管监察的官员）韩愈，专程去郊县察看旱情的。烈日当空，不一会儿韩御史便汗流浃背、气喘吁吁了。经过半天的颠簸，他终于来到了郊县的一个小村子。他跳下马，缓步来到地头上。韩愈脸色严峻，眉头紧皱，一位腰背佝偻、面孔黝黑的老农急忙迎上去和他交谈起来。

　　由于韩御史已来过多次，当地百姓和他已很熟识。

　　"韩大人，这可是几十年未遇的大旱啊！"

　　韩愈蹲下来仔细察看枯黄的庄稼，边问老农："老哥，估计下来能收多少？"

　　"顶多是正常年景的一两成吧。"

　　"那租赋怎么办？"

　　"官府说一粒谷也不能少，老百姓只好卖儿鬻女来完租赋了。"讲到这里，老农声音哽咽，眼含泪花。"韩大人，你要为百姓讲话啊！"

韩愈站起来，心情沉重地点点头。他随老农又走访了几户人家，看了他们住的、用的，尝了尝他们锅里的粗糙饭食。最后，他说："御史是喉舌之官，我一定将灾情如实禀奏圣上。"

回来的路上，韩愈在城门附近看到了一批骨瘦如柴、衣衫褴褛的老百姓。他们被绳子绑成串，跌跌撞撞地由差役赶着走。韩愈问："这些人触犯了什么刑律？"

"不肯交租！"差役说。

"我们连饭也吃不上，拿什么交租啊！"被拘押的百姓悲凄地说。

差役举起鞭子，恶狠狠地说："少啰嗦，到了衙门再给你们颜色看！"

韩愈再也忍不住了。他匆匆策马回府，拿起毛笔，铺开卷轴，奋笔疾书了一份奏章。

奏章说，长安附近几个县，半年来没落雨，年成怕收不到往年的十分之一，许多百姓被迫卖儿女换口粮，交租税，好多人家已经断炊。"此皆群官之所来言，陛下之所未知也。"韩愈接着又说，京城是四方的腹地，国家的门面，对京城百姓应该倍加爱护。最后，韩愈建议减免今年长安地区农民的租赋，让人民度过灾年。

奏章写罢，韩愈逐渐冷静下来。他不由得想起这份奏章呈上后可能产生的后果：它会得罪好多人。首先，京兆尹（京城的地方长官）李实就会很不高兴。前几天李实还在唐德宗面前说过"今年虽旱，谷子长得却好"的话，自己这份奏章等于告他"欺君"之罪，而李实在朝廷里有许多支持者。其次，还会得罪宦官。这些人在皇帝身边整天说些粉饰太平的话，以博取皇帝的欢心，这份奏章无异于揭穿他们的骗局。而自己又怎能斗过李实和宦官联合起来的势力呢？

他在书房里踱来踱去，思想斗争十分激烈。他无意中看到了墙上的条幅："苛政猛于虎"，这是他当御史时写来自勉的。他想："国以民为本，民以食为天"，身为御史，如果不管黎民百姓死活，不为他们讲话，哪里还谈得上忠君爱国呢？

第二天早朝时，韩愈毅然将奏章呈上。果然，这份奏章像一把火，着实烧痛了朝中的一些大臣，他们群起反对。昏庸的唐德宗生气了，下诏贬韩愈到广东阳山去当县令。

◎故事感悟

韩愈体恤民间百姓疾苦，不惜冒着罢官的危险触犯龙颜。这种为民请命而不怕贬官的精神，值得我们后世为官者学习。

◎史海撷英

北宋诗文革新运动

中国北宋继唐代古文运动而起的文学革新运动。主要反对以西昆体为代表的浮靡文风，主张对诗、文进行革新。北宋初年，面对土地兼并日剧，各种社会矛盾日益暴露，政治斗争日趋尖锐，一些开明的中下层士大夫文人主张革除社会弊病，要求文学反映现实，而当时风靡文坛的西昆体根本无法担当这样的历史使命，于是他们推崇韩愈、白居易，反西昆成为政治改革派们在文学上的反映。

北宋诗文革新运动是继唐代古文运动之后，又一次把古代文学特别是散文以及文论的发展推进了一步，对后世影响巨大。此后，以"唐宋八大家"为代表的古文传统一直被奉为正宗。但同时，北宋诗的散文化和以议论为诗的概念化倾向，为南宋理学家的散文所师法，表现了该运动的历史局限。

◎文苑拾萃

《师说》

韩愈

古之学者必有师。师者，所以传道受业解惑也。人非生而知之者，孰能无惑？惑而不从师，其为惑也，终不解矣。生乎吾前，其闻道也固先乎吾，吾从而师之；

生乎吾后，其闻道也亦先乎吾，吾从而师之。吾师道也，夫庸知其年之先后生于吾乎？是故无贵无贱，无长无少，道之所存，师之所存也。

嗟乎！师道之不传也久矣！欲人之无惑也难矣！古之圣人，其出人也远矣，犹且从师而问焉；今之众人，其下圣人也亦远矣，而耻学于师。是故圣益圣，愚益愚。圣人之所以为圣，愚人之所以为愚，其皆出于此乎？

爱其子，择师而教之；于其身也，则耻师焉，惑矣。彼童子之师，授之书而习其句读者，非吾所谓传其道解其惑者也。句读之不知，惑之不解，或师焉，或不焉，小学而大遗，吾未见其明也。巫医乐师百工之人，不耻相师。士大夫之族，曰师曰弟子云者，则群聚而笑之。问之，则曰："彼与彼年相若也，道相似也。位卑则足羞，官盛则近谀。"呜呼！师道之不复，可知矣。巫医乐师百工之人，君子不齿，今其智乃反不能及，其可怪也欤！

圣人无常师。孔子师郯子、苌弘、师襄、老聃。郯子之徒，其贤不及孔子。孔子曰："三人行，则必有我师。"是故弟子不必不如师，师不必贤于弟子，闻道有先后，术业有专攻，如是而已。

李氏子蟠，年十七，好古文，六艺经传皆通习之，不拘于时，学于余。余嘉其能行古道，作《师说》以贻之。

富弼无私助灾民

◎千日行善，善犹不足。——吴承恩

> 富弼（1004—1083年），字彦国。洛阳（今河南洛阳东）人。天圣八年（1030）以茂才异等科及第，历知县、签书河阳（孟州，今河南孟县南）节度判官厅公事、通判绛州（今山西新绛）、郓州（今山东东平），召为开封府推官、知谏院。

北宋仁宗时期，青州（今山东青州）知州富弼在大灾之年，救助几十万灾民的事迹，在百姓心中树立了一座巍巍丰碑。

当时，有个叫石首道的人作了一首《庆历圣德诗》，诗中除赞颂仁宗的清政之外，还热情地赞颂了富弼、范仲淹、韩琦等人的政绩。不料过了不久，石首道遭人诬陷下狱。富弼的政敌见有机可乘，便借题发挥，恶毒地对富弼进行诽谤、攻击。仁宗在不明真相的情况下，将富弼治罪降职，先由朝廷枢密使降为河北宣谕使，继而改任郓州知州，紧接着又贬为青州知州。一些人看到富弼连连降职，也开始对他不信任起来。一时间，流言四起，富弼的处境非常艰难。

在身处逆境的情况下，富弼仍然牵挂着百姓，根本没将个人的荣辱得失放在心上。他到青州上任之后，正巧这年黄河以北发生了大灾。老百姓纷纷背井离乡，向东辗转迁徙，仅到青州境内的就有六七十万人。富弼看到颠沛流离、妻离子散的难民，顿生同情之心。他命令青州各地，不论困难多大，一律要无条件收留、安顿灾民。为解决灾民的吃饭问题，富弼冒着极大的风险打开了国家粮仓，对灾民进行赈济，还说服动员青州的广大百姓捐粮捐衣，救助受难的同胞。为了解决灾民的住宿，他出面亲自协调，妥善地安置了一批又一批灾民。由于他细致、周密的安排，灾民们来到青州，居有室，食有粮，病有所治。逃到邻近县的灾民一看青州如此厚待灾民，也纷纷前来投奔。一时间，在通往青州的大道上，灾民像赶大集一样，络绎不绝。

这时，一些关心富弼的人看到这种情况连忙到州衙去劝富弼："近年来，您的敌人无事生非，对您进行攻击。现在您这样厚待灾民，更容易招来猜疑和诽谤。一旦给他们留下口实，下一步您面临的灾祸将不堪设想。"

富弼听到这善意的劝告，不仅没有取消安置计划，反而更坚定了救助灾民的决心。他回答说："现在六七十万灾民处在水深火热之中，我不能为了保全自己而置几十万灾民的性命于不顾。假如由于我的努力，这些灾民能顺利度过灾年，我个人即使遭再大的罪也心甘。"

此后，他对安置灾民更尽心了，四处奔波，多方协调，常常是腰酸背痛，口干舌燥。

第二年，灾民们先后扶老携幼、依依不舍地离开青州，返回故乡。临走之前，许多人跪在州衙门口，感激富知州救命之恩。然而，富弼却从不接受这种感激之情，他认为自己只不过做了一个知州应该做的事情。

◎故事感悟

富弼不顾朝廷的猜疑和政敌的诽谤，冒着丢官杀头的危险毅然开仓放粮，妥善安排救助灾民，事后而不居功。富弼的这种行为和品德堪称为官者的楷模！

◎史海撷英

富弼一心为国

至和二年（1055年），富弼被授同中书门下平章事、集贤殿大学士，与文彦博同日拜相。两年后的一天，仁宗上朝时突然昏厥，被扶入宫中诊治。朝中大臣十分惊慌，议论纷纷。庙堂之上的富弼却很冷静，他和文彦博一起留宿宫中以防不测，并随时询问仁宗病情，使宫中秩序很快恢复。后来富弼还与朝中大臣一道，劝仁宗早立皇嗣以安定人心。

至神宗立，为了富国强兵，神宗于熙宁元年（1068年）四月召王安石进京，变法改制。神宗想问问富弼对变法的看法，因富弼是三朝元老，许其肩舆至殿门，不必叩拜，坐下说话。结果富弼一见神宗就说："我反对变法。"神宗又问边防事宜，富弼说："陛下执政不久，当布德行惠，希望二十年口不言兵。"神宗听后十分不快，革其相位，以仆射出判汝州。

富弼见神宗重用王安石，知道自己不能与其争，于是称病退休，欲回洛阳，上疏几十次才被准许。临行，他又上疏神宗，说：现在王安石变法，起用许多小人，加上地震、旱灾，国事堪忧。神宗问他去了之后，谁可代他为相，他推荐文彦博。神宗又问："王安石如何？"富弼沉默不答。

由此，王安石的儿子王雱恨死了富弼，私下说："枭富弼之首于市，则法行矣。"富弼于是退居洛阳，与文彦博、司马光等13人组成"洛阳耆英会"，每日在自己府中置酒，赋诗吟和，但每遇国家大事，他仍谏言献策，畅所欲言。

◎文苑拾萃

小山压大山

耶律倍失去了继承皇位的权力以后，又被迫迁到东平（今辽宁省辽阳市），受到监视。这使他十分气愤，想离开契丹。这时候，恰好后唐的唐明宗知道了这种情况，派人送来密信，请他去后唐，他高兴地接受了邀请，决定投奔到中原去。临行前，他作了一首诗：

> 小山压大山，大山全无力。
> 羞见故乡人，从此投外国。

这首诗中的"小山"是指耶律德光；"大山"指的是他自己。诗中抒发了委屈出奔的心情。他把诗刻在一块木牌上，竖在海边。到了后唐，他受到后唐热情的接待，并得到官职，改名为李赞华，表明他对汉族文化的赞扬。

"灵芝"老人

◎成人之善，急人之厄，周人之乏。——薛王宣

人们争相传诵着一个普通的离休孤老王明光与"仙草"灵芝结下了不解之缘，这么多年来老人一直默默奉献着自己的"爱心"，他四处求购灵芝并无偿赠送给贫困的疾病患者，重燃了一个又一个生命的希望。

当有人问起老人为什么这么做时，老人很坦诚，他说自己所做的一切十分平常，不值得宣传。朴实的话语背后让人感受到上海市民的一种爱心精神在这位老人身上的集中体现。

1982年，王明光因患神经衰弱症、失眠症等多种疾病而提前退休。当年王明光为了治病，几乎跑遍了本市各大医院，喝了数不清的中草药，但令人遗憾的是，一切都无济于事。

王老伯实在没办法了，就想到了灵芝药材可治失眠。抱着试试看的心理，让远在江西的侄女给他邮寄一斤野生灵芝。半年后，奇迹出现了，他的失眠症竟然治好了。

这对于久病不愈的王明光来说简直就是一个天大的喜讯！此后不久，发生在小区里的一件事情，令老人感慨万分，从此他决定让灵芝为更多的病人造福。

1983年，与王明光同住于南汇莲溪小区的周士根妻子突然被确诊为鼻癌，为了给妻子看病，周士根花完了家里所有的积蓄，并债台高筑。实在走投无路了！向单位领导面前借钱，但没有借到。

王明光意外得知此事后，立即带着300元现金去探望周士根的妻子。"对！

野生灵芝肯定有用！"看着病人枯瘦焦黄的脸庞，王明光心急如焚，他急忙给远在江西的侄女打长途电话，"快！以最快的速度寄几斤灵芝过来，钱我现在就汇过去。"

三天后，野生灵芝寄到了！王明光抱着灵芝一路小跑来到周家。周士根一家三口齐刷刷地向王明光老人下跪谢恩，泪雨纷飞。

奇迹也真的出现了。服用野生灵芝几个月后，周士根妻子的病开始好转了，为此连医生们都惊叹不已。

2003年年底，王明光听说杨浦区一贫困家庭的七岁儿童吴一帆得了"白血病"，他亲自上门送去了两斤野生灵芝，并坚持每隔两个月就上门为孩子送灵芝，目前吴一帆病情好转。竟然还长出了头发，饭量也大增。

对于王明光的义举，居委会的孙丽华最熟悉了，"他从来没有让人失望过，凡是前来求助的人，他一般都会一次性送给两斤野生灵芝。对有些贫困病人碍于面子，不好意思前来讨要的，他便亲自送上门去。"

老人的灵芝让一对常年失眠的母女也大受其益。家住在浦东的张爱萍母女得了整夜失眠的"怪病"，她们长年四处寻医问药，也不知服了多少中西药，丝毫也不见好转，于是母女俩就找到了王明光老人。

"你们不用担心费用，只要我这里有野生灵芝，就一定保证供给。"王明光拍拍胸脯，立下了"军令状"。他从床底下拖出一个硕大的塑料袋，抓出一大把野生灵芝赠送给母女俩。张爱萍母女没有想到，这个朴素的老人竟如此慷慨！母女俩从衣袋里掏出几百元钱给他，被王明光一口回绝。"如果吃得有效果的话，一个月后再来拿吧。"老人简单的只说了这样一句话。张爱萍母女吃了两个月时间的灵芝后，终于都能睡上整夜的安稳觉。母女俩都病愈了，从此后精神焕发。

久病成医，王明光老人俨然成了个灵芝专家。老人发现，现在市场上卖的灵芝大多数都是人工培植的，一些人工培植的灵芝吃了并没用，如能亲自到深山中去采野生灵芝，才是最好的保证。王明光老人一下子萌发了这个念头。

1999年，王明光进山了。一次他独自背着二十余斤灵芝还未走出吉林的一处深山，突遇狂风暴雨，为了不让灵芝淋湿，他立即脱下衣服小心翼翼地包裹住装灵芝的蛇皮袋，由于下山路滑，不小心腿抽筋摔了几跤，膝盖上满是鲜血，第二天就卧床不起，得了病毒性感冒，元气大伤……

岁月不饶人，他逐渐感觉靠自己力量不够了，因此发动了所有的外地亲戚朋友，四处进山去找野生灵芝。

二十多年中，老人拿出自己微薄的工资帮助他人，经济负担可不小。老人却表示自己要感谢不少好心人的帮助，外地亲戚帮他寻找野生灵芝，总不愿意收钱，实在推不掉，就勉强收下几百元；还有一些专业保健品市场上的商贩，他们得知老人的情况后，总是真正让利半卖半送于他。

老人身边有一本发黄的"工作手册"，上面每一页都记载着一个病人的详细资料，一笔一画都写得极其认真，其中有周浦镇的，还有江苏、山东等外省市的……懂行的人都知道，野生灵芝一般都以克论价，价格奇贵无比，在这21年的救助行动中，王明光几乎用完了自己所有的积蓄。

王明光的两室一厅的家里。只摆放着用了几十年的旧沙发，彩电是唯一的"时尚家具"。生活极其节俭。

为了买灵芝，老人每年都要去几趟江西，每次出门为了省钱都是买硬座票，自带着干粮，连饮料都舍不得买。他几乎省下了所有能省下的钱。

除了赠人灵芝，王明光老人还义务捐助许多贫困学生。王明光捐助了江西两个高中生，每人每年4000元，如今一个已考上了大学。他表示，只要两个人努力读书，他准备一直资助下去。

不久前，王明光听说小区里有一个叫徐雯雯的女孩考上了水产大学，但她从小就没了母亲，父亲因患皮肤癌而高位截肢，家庭生活很困难，老人毫不犹豫与徐雯雯一家签订了帮困助学协议，每年都资助徐雯雯4000元学费，直至她大学毕业。

"其实。我只是一个普通的人，一分付出一分收获。面对弱者，我希望会有更多的人伸出援助之手，对于他们来说，一滴水就是一片汪洋。"老人朴实地这么说。对于未来，老人则做好了打算，把卖房子所得钱款。其中5万元交党费，10万元捐给上海市慈善基金会。

为了表彰老人无私的捐赠行为，2004年10月，上海市第17个敬老日，王明光老人接到了上海市慈善基金会的特别邀请，和近百位接受免费手术后重见光明的白内障复明者及特困老人一起参加"光明之旅——看上海"活动。在活动现场，上海市慈善基金会工作人员向"灵芝老人"赠送了一本由领导题词的市慈善基金会10周年的精美纪念册，表达对老人的一片敬意。

◎故事感悟

"其实。我只是一个普通的人，一分付出一分收获。面对弱者，我希望会有更多的人伸出援助之手，对于他们来说，一滴水就是一片汪洋。"这感人的话啊，映衬出王明光老人的崇高品质！

◎史海撷英

养老保险制度改革

1984年，中国各地进行养老保险制度改革。1997年，中国政府制定了《关于建立统一的企业职工基本养老保险制度的决定》，开始在全国建立统一的城镇企业职工基本养老保险制度。

起因

中国的基本养老保险制度实行社会统筹与个人账户相结合的模式。基本养老保险覆盖城镇各类企业的职工；城镇所有企业及其职工必须履行交纳基本养老保险费的义务。目前，企业的交费比例为工资总额的20%左右，个人交费比例为本人工资的8%。企业交纳的基本养老保险费一部分用于建立统筹基金，一部分划入个人账户；个人交纳的基本养老保险费计入个人账户。基本养老金由基础养老金和个人账户养老金组成，基础养老金由社会统筹基金支付，月基础养老金为职工社会平均工资的20%，月个人账户养老金为个人账户基金积累额的1/120。个人账户养老金可以继承。对于新制度实施前参加工作、实施后退休的职工，还要加发过渡性养老金。

发展

经过几年的推进，基本养老保险的参保职工已由1997年末的8671万人增加到2001年末的10802万人；领取基本养老金人数由2533万人增加到3381万人，平均月基本养老金也由430元增加到556元。为确保基本养老金的按时足额发放，近年来中国政府努力提高基本养老保险基金的统筹层次，逐步实行省级统筹，不断加大对基本养老保险基金的财政投入。1998年至2001年，仅中央财政对基本养老保险补贴支出就达861亿元。目前，基本实现了基本养老金由社会服务机构（如银行、邮局）发放，2001年基本养老金社会化发放率达到98%。此外，机关事业单位职工和退休人员仍实行原有的养老保障制度。

1991年，中国部分农村地区开始进行养老保险制度试点。农村养老保险制度以"个人交费为主、集体补助为辅、政府给予政策扶持"为基本原则，实行基金积累的个人账户模式。

从2009年起开展新型农村社会养老保险试点工作。

◎文苑拾萃

灵芝

灵芝又称灵芝草、神芝、芝草、仙草、瑞草，是多孔菌科植物赤芝或紫芝的全株。根据我国第一部药物专著《神农本草经》记载：灵芝有紫、赤、青、黄、白、黑六种，性味甘平。灵芝原产于亚洲东部，中国古代认为灵芝具有长生不老、起死回生的功效，视为仙草。灵芝主要分布在中国、朝鲜半岛和日本。灵芝一般生长在湿度高且光线昏暗的山林中，主要生长在腐树或是其树木的根部。灵芝一词最早出现在东汉张衡《西京赋》："浸石菌于重涯，濯灵芝以朱柯"一文中。

拾垃圾老人

◎行善不望报，望报非行善。——中国谚语

　　2002年2月6日上午，一位85岁高龄的老人将拣垃圾积攒下来的3万元现金，慎重地交到了上海市慈善基金会工作人员手中，饱经风霜的脸上终于露出了微笑。他轻轻舒了口气，对陪同前往的程桥二村居委会主任奚国珍说："我终于了却了一桩心愿！"

　　老人名叫王立强，在长宁区程桥二村，几乎无人不知他的感人故事。十几年来，老人那两室一厅的居室，几乎天天堆满了拣来的旧报纸、旧衣服、饮料瓶等。夏天气味难闻，冬天得开着窗把"垃圾"晒干，可老人从不停止作业。开始，人们不理解：一个干部，何苦要长年累月与这些垃圾为伍？可是，凡是与他交谈过的人，都会对他肃然起敬。

　　王立强曾有过18年军旅生活，后转业到黄海，又辗转到上海崇明农场工作。1983年老人离休后，和老伴周美堂相依为命，住在程桥二村。1984年，老伴不幸患病瘫痪在床。"她既没有退休金也没有劳保，将来万一我先她而去，她靠什么生活呢？我决不能把这个包袱丢给政府、丢给社会！"于是，老人萌发了一个念头：捡垃圾，为老伴积攒一笔"养老金"。

　　由于老伴生活不能自理，老人每天起早给她洗漱喂饭，然后抓紧时间到街上走一圈，捡回一些废旧物品；中午回来洗菜烧饭，伺候她吃过午饭，再出去走一圈。晚上，老人专心致志地将捡回来的垃圾分类整理、堆放，随后送到废品回收站去。为了让垃圾卖个好价钱，老人常常舍近求远，多跑好几条马路。不管酷暑寒冬，刮风下雨，整整十几年，老人每天都重复着这样的生活，直到1999年，相濡以沫几十年的老伴离开人世。

没了牵挂，但老人不会忘记社会对他们的关爱。居委会的干部常常上门为他家打扫卫生，逢年过节给他家送上慰问品，现在又每天给他送上一瓶牛奶……于是老人又有了新的想法，将积攒下来的钱捐给更困难、更需要帮助的人。他天天盯着居委会奚主任："请你帮我做件事，把钱捐给敬老院或孤儿院。"奚主任实在不忍心："你每天粗茶淡饭，满口牙齿拔掉后也舍不得装，都80多岁的人了，哪会没有个病痛，花钱的日子还在后头呢。"于是，这份心愿一拖就是一年。

2002年以来，老人没放弃过，天天缠着奚主任。一天，一大早，老人特意换上平日舍不得穿的皮夹克，抱着垃圾堆里"捡"来的巨款，坐在奚主任的办公室里："你答应过的，6日前一定帮我联系好捐款单位，可别怪我脾气倔……"

面对这样一位老人，奚主任再也控制不住自己的感情，含泪陪同他来到上海市慈善基金会。老人向基金会工作人员表达了心愿：把这3万元捐给孤儿、孤老和残疾人。他说："亲手把钱交给你们，我放心了！"

◎故事感悟

王立强老人十几个严寒酷暑不间断地捡垃圾是为了什么？为了心中的夙愿，不论是对待亲人还是有需要帮助的陌生人他都献出了自己最大的爱心，老人的执著和崇高的品质是值得我们广大人民群众所敬佩和学习的！

◎史海撷英

养老金计划

养老金计划是指为保障员工在退休之后的正常生活水平而实行的一种退休福利。它通常包括团体养老金计划、延期利润分享计划、储蓄金计划三种基本形式。养老金计划在欧美等发达国家是一项法定制度，我国的养老保险制度也在一定程度上借鉴了这种方法。

◎文苑拾萃

敬老院

　　敬老院，为老年人养老服务的社会福利事业组织。又称养老院。西方国家的养老院通常由地方政府或慈善机构主办，接收靠福利救济或低收入的老人。苏联的养老院，收养没有法定赡养人或因其他原因而不能在家生活的老年人。养老院的全部费用由国家负担，个人还可以按规定领取原来享受的养老金或抚恤金的一部分。中国的敬老院是在农村"五保户"的基础上发展起来的。1956年农业合作化时期，农业生产合作社对缺乏劳动能力、生活没有依靠的鳏、寡、孤、独者，实行保吃、保穿、保烧、保医、保葬（儿童则为保教），简称"五保"。1958年，对五保户实行集中供养，在全国各地兴办了一批敬老院。1978年以来，随着农村实行联产承包责任制和集体经济的发展，敬老院得到进一步的巩固和发展。1988年，全国农村已有敬老院36665所，有756个县（县级市）在乡镇普遍办了敬老院。城市街道也办起了敬老院。

　　敬老院的收养对象主要是五保老人。有条件的敬老院，还接收享受退休金的自费老人，坚持入院自愿、出院自由的原则。许多地区还为优抚对象的孤老兴办光荣院，吸收符合条件的对象入院。敬老院贯彻集体事业集体办的原则，入院老人的生活费、医疗费、丧葬费等的供给，均由集体承担，统筹解决。贫困地区的敬老院，集体组织供给有困难的，由国家给予补助。敬老院的宗旨是敬老养老，把安排好老人的物质生活和文化生活放在首位。敬老院经常组织一些老人参加力所能及的生产劳动和适合老人特点的文娱体育活动。有的乡镇把敬老院办成老年人的活动中心，为乡、镇社区的老人提供福利服务。

善人陈伟民

◎小善虽无大益，而不可不为；细恶虽无近祸，而不可不去。——葛洪

上海市徐汇区民政干部陈伟民在小区内做最低生活保障居民抽样调查时发现了这样一家人：

男主人黄浩贤患帕金森氏综合征已有十多年，完全丧失劳动能力，女主人因单位效益不好而下岗，儿子刚上中专，一家三口的生活来源主要靠黄浩贤每月400多元的病假工资。黄浩贤的病，目前在国内外还没有根治的办法，只能靠药物来减缓疾病的发展。可昂贵的药价和同样昂贵的治疗费，使他望而生畏。很长一段时期内，他能做的唯有对着医生的处方暗暗地叹气。

就在这个时候，陈伟民认识了他，并从此走进了他的家庭。

陈伟民认识他的第一天，就从口袋里摸出100元给他。从此以后，这种资助就像涓涓细流源源不断，无声地滋润着黄浩贤一家干枯的心田。

两年多来，陈伟民坚持每月到黄浩贤家去，买吃的，带穿的，还送上治病买药的钱。处处想得细致和周到。难能可贵的是他的慈善行动得到了妻子和女儿的理解和支持，有时陈伟民工作繁忙，他的妻儿就联手剥夺了他的"探视权"。晚上。母女俩会背着陈伟民，提着大包小包悄悄地来到黄浩贤家，他的女儿进门一声"大伯伯"，叫得黄浩贤泪湿眼眶。黄浩贤曾动情地说："像我这样的病人，看惯了别人歧视的眼光，你们一家像亲人一样对待我，你们是我的精神支柱。"

黄浩贤一家的贫困，使陈伟民开始感到单凭自己有限的经济资助是远远不够的，于是他把眼光转向了黄浩贤的儿子。

　　黄浩贤的儿子是学艺术的，由于从小过着贫困的生活，他比一般孩子显得成熟。陈伟民开始有意地接近他，给他买画图的材料，给他买衣送鞋并教导他好好学习。随着年龄的增长，这孩子已经知道了身处的环境来之不易，更知道艺术的道路虽曲折但只要坚持下去，将来的社会就不会亏待他。

　　黄浩贤夫妇也从孩子的身上看到了希望。

　　黄浩贤一家曾深深地愧疚，无以回报对陈伟民如山的"恩情"。陈伟民告诉他们，把孩子培养成国家的有用之才，就是对他最好的回报。

◎故事感悟

　　西方有句谚语："只要向着阳光，阴影就在你的背后。"陈伟民帮助黄浩贤一家摆脱了阴影的纠缠，给了他们灿烂的阳光。陈伟民给别人带来温暖，他的崇高品德闪耀着光芒。

◎史海撷英

中国的劳动合同制度

　　中国的劳动合同制度从20世纪80年代中期开始试点，在90年代得到大力推行，至今已在城镇各类企业中广泛实施。中国的法律规定，用人单位与劳动者依法建立劳动关系，应该书面订立有固定期限、无固定期限或以完成一定的工作为期限的劳动合同；在订立劳动合同过程中，劳动关系双方必须遵循平等自愿、协商一致的原则。实行劳动合同制度，明确了劳动者与用人单位双方的权利和义务，保障了劳动者择业自主权和用人单位的用人自主权。

　　劳动合同法律制度，是通过平等自愿、协商一致的原则，确立劳动者与用人单位之间稳定和谐劳动关系的制度；是通过劳动合同明确双方权利和义务，保护双方合法权益的制度。劳动合同制度的建立，从源头上规范企业用工行为。劳动合同制度是劳动社会保障工作的基础工作。通过劳动合同制度，来保护劳动者和用人单位双方的合法权益，调整好劳动关系，加强企业管理，提高劳动者的生产积极性，促进经济发展和社会进步的事实越来越被人们肯定。为此，各级政府要重视劳动合同工作，把它纳入政府工作的重要工作议程。劳动保障部门更应对劳动合同工作引起高度重视，充分认识劳动合同制度在整个劳动社会保障工作中的地位和作用，统一思想，集中精力，全力以赴地实施劳动合同制度。

◎文苑拾萃

帕金森综合征

帕金森综合证，是发生于中年以上成人黑质和黑质纹状体通路变性疾病。美国 APDA 称年龄小于 40 岁便开始患病者为年轻的帕金森病患者。原发性震颤麻痹的病因尚未明了，10% 左右的病人有家族史；部分患者可因脑炎、脑动脉硬化、脑外伤、甲状旁腺功能减退、一氧化碳、锰、汞、氰化物、利血平、酚噻嗪类药物中毒及抗忧郁剂（甲胺氧化酶抑制剂等）作用等都可引起类似帕金森病的表现帕金森综合证。

帕金森氏病是中老年人最常见的中枢神经系统变性疾病。震颤是指头及四肢颤动、振摇，麻痹是指肢体某一部分或全部肢体不能自主运动。其得名是因为一个名为帕金森的英国医生首先描述了这些症状，包括运动障碍、震颤和肌肉僵直。一般在 50—65 岁开始发病，发病率随年龄增长而逐渐增加。60 岁发病率约为 1‰，70 岁发病率达 3‰~5‰。我国目前大概有一百七十多万人患有这种疾病。资料显示，帕金森氏病发病人群中男性稍高于女性，迄今为止对本病的治疗均为对症治疗，尚无根治方法可以使变性的神经细胞恢复。

遗　嘱

◎急难救人，一善可当百善。——史典

居住在上海浦东新区的孤老伍文秀阿婆，下了决心准备把毕生的积蓄4万元全部捐赠出去后，仿佛神灵冥冥之中也受到了感动，她的带有病痛的身子骨反倒一天天硬朗起来了。

近年来，衰老给阿婆带来的负担、以及恶魔般的疾病让阿婆承受的痛苦，都让她自认为已快走到生命的尽头。所以，她想趁头脑清醒时把最后的情感和遗嘱都留存人间。在一个冬日的薄暮时分，阿婆找来老邻居——那个替她保管银行存折的刘淑卿阿姨，说要把存折里的钱都捐出去。

阿婆是湖南人，16岁时到了上海。1956年，阿婆参加了工作，单位是早年遍布上海大街小巷的里弄生产组。"生产组"的工资、福利待遇都极低。几年后，阿婆从"生产组"退休时，每月的退休工资仅十元钱。

到了20世纪80年代，阿婆的年纪大了，身上的病也多了。阿婆看了病，到"生产组"去报销医药费，单位却总是无钱报销，原因是当年同阿婆一起出来工作的"生产组"的老姐妹们都到了多病的岁数，一张医药费单据往往要等到一年才能轮到报销。看到阿婆一笔一笔的钱垫进去，阿婆的丈夫——公公的眉头也一天比一天锁得更紧。

有一个话题，令古往今来每一个人无法回避，这就是"死亡"。公公并不惧怕死亡，公公的忧伤是即将离开相随自己几十年的阿婆，而阿婆以后的衣食住行将成为他走向天国路上的一大心病。此后，本已十分节省的公公更节省了。公公7年前临"走"时，他颤巍巍地拿出一张3万元的银行存折。交到阿婆的手里。

原先，公公和阿婆住在上海徐汇区的一个三层阁楼上。房间的窄小、楼道的逼仄，让这对古稀老人颇感生存的艰难。有一年春节，公公单位的领导给退休人员拜年，也来到了他们的家，看到他们的住房条件，心存不安。没多久，那位领导主动帮公公在浦东地区落实了一套带阳台的新公房。这一举措令公公和阿婆大为感动。由此在老两口心灵一隅埋下了感恩的种子。

2004年重阳节前，阿婆又一次对刘淑卿说，她要把钱捐出去。刘阿姨劝阿婆留点钱防老，这一次阿婆下的决心似乎比任何一次都要来得坚决，她以坚定的口吻告诉刘阿姨，自己现在每月有800元的退休金，看病又有医保，钱留着没用，还是给最需要的人吧。

阿婆在遗嘱中写得清清楚楚：一万元给残疾儿童，一万元给孤老，一万元给灾区人民。一万元给孤儿。

最让人心灵震撼的，是那用旧报纸层层包裹起来的一沓现金，那是公公去世后，阿婆用整整7年的时间从每月800元的养老金中省吃俭用积攒下来的一万元钱。

一万元现金加三万元存款，在2004年10月21日下午，阿婆把它交给了上海市慈善基金会。

上海市慈善基金会特地派出常务副秘书长江晨清先生到浦东阿婆的家里上门接受捐款。

伍文秀老阿婆，宁静沉寂地端坐于公公遗像下的沙发上，安逸而又慈祥。

那是一种若有若无、柔和淡远、笑看红尘的仪态，来自大诗人李白"千金散尽还复来"的气质。

阿婆淡淡地说："我现在只有这点钱。等我以后有了，再捐点。"

江晨清，这位见惯了几百万几千万捐款场面的基金会老同志，此时激动地紧紧握住阿婆的手："阿婆，我们保证把您捐的钱一分一厘都用到实处。另外您今后生活如发生困难。请及时联系我们基金会。"

江晨清留下了两张名片，告诉阿婆照名片上面的电话打过去，保证随叫随到。

阿婆又告诉大家，她可以遗留下来的东西少得可怜，所以她的遗嘱也很简短。

说完，阿婆把遗嘱散发给大家。此后的阿婆像完成了一项特殊使命般的舒心地笑了——一种阳光般灿烂无私的笑容。

◎故事感悟

阿婆自己就属于弱势群体，属于需要帮助的人，她深深的明白无助的感觉，为了能帮助更多人，阿婆耗尽了生命的光和热，奉献出了自己的所有，难道这样慈祥、善良的阿婆不值得我们学习吗？

◎史海撷英

新医改

新医改是中共中央、国务院向社会公布了关于深化医药卫生体制改革的意见。《意见》提出了"有效减轻居民就医费用负担，切实缓解'看病难、看病贵'"的近期目标，以及"建立健全覆盖城乡居民的基本医疗卫生制度，为群众提供安全、有效、方便、价廉的医疗卫生服务"的长远目标。

《意见》全文13000余字，共分六个部分，包括：一、充分认识深化医药卫生体制改革的重要性、紧迫性和艰巨性；二、深化医药卫生体制改革的指导思想、基本原则和总体目标；三、完善医药卫生四大体系，建立覆盖城乡居民的基本医疗卫生制度；四、完善体制机制，保障医药卫生体系有效规范运转；五、着力抓好五项重点改革，力争近期取得明显成效；六、积极稳妥推进医药卫生体制改革。

◎文苑拾萃

宋庆龄基金会

全国性十大慈善机构中，宋庆龄基金会是唯一以国家领导人名字命名的慈善机构。

1981 年 5 月 29 日，中华人民共和国名誉主席宋庆龄逝世，一年后，在宋庆龄逝世一周年的纪念日里，宋庆龄基金会成立。基金会成立后，宗旨集中体现为"和平、统一、未来"六个字，即维护世界和平，促进祖国统一，关注民族未来。

在机构上，基金会设理事会和常务理事会。在领导人员上，基金会设名誉主席、主席、副主席，由理事会民主推选产生；秘书长为基金会法人代表。

募捐方法有三种：现金和现金支票，可以直接寄到基金会；股票、有价证券、产权契约，在居住地的中国银行办理；各类物资，向基金会去信去电商处。

碧血丹青赤子情

◎乐善不倦，从善如流。——《孟子》

董之一（1947— ），生于上海。原《新民晚报》美术部主任，现为中华钟馗画院院长、上海海派书画院院长、上海书画名家后裔联谊会会长。自幼随父亲董天野习画，大学艺术系毕业后又师从华三川先生。在传统钟馗画研究和创作的艺海中泛舟数十载，脱颖而出，自成一格，为上海著名的钟馗画星。出版有《董之一钟馗画选》、《董之一钟馗画》等画集，在各类报刊杂志上发表作品七千余幅。其钟馗画为海内外爱好者和收藏家所钟爱，也赋予画作许多传奇色彩。

上海文新报业集团工会副主席、《新民晚报》社的美术编辑、著名国画家董天野的儿子董之一，是位名闻遐迩的慈善家，尤以其独创的钟馗画深受海内外欢迎。多年来，他将创作所得的二百余万元全部捐献给了那些最需要帮助的人们，而自己却分文不留。他不喝酒、不抽烟，省吃俭用，为慈善事业默默地做着奉献。

董之一在帮困过程中，与受助人结下深厚情谊，有的真如"父子"、"父女"一般。

帮困先从身边做起。几年前，董之一无意中了解到邻居家有一个12岁的男孩成了父母双全的"孤儿"。原来孩子的父亲出国不归，家中负债，母亲不得已到深圳去打工，剩下小男孩一人在家艰难度日。董之一怜悯之情油然而升，就把男孩收留下来，当做自己的儿子一样看待，慈父般地悉心抚养三年。而在此期间，他自己的爱人还在日本打工，平时连个帮手也没有，仅一日三餐和上学的事就够他操心的了，但他还是日复一日地坚持了下来，留下了"父子情深"的佳话。

董之一对陌生人也乐于帮困。有一次，他偶然在一本杂志上读到湖北一位烈士的儿子叫卢州岚写的文章，题目是《活得要像爸爸一样光荣》。从文章中董之一了解到，他父亲是一位民警，在执行公务中以身殉职，家里生活比较困难。于是，他二话不说，就每月从工资中省下200元钱，给远在湖北建始县从未谋过面的烈士的妻儿寄去。有一年暑假，他还专门请孩子到上海度假，吃住在自己家里，并承诺，这个孩子如考上大学，就提供上学的全部费用。

像这样的"干儿子"在董之一的帮困谱上不止一二人。有一次他在市总工会开会，偶然听华师大的工会主席说起，他们学校里有不少贫困生，急需帮助。其中有一位叫苗秀华，是吉林山区唯一考取上海重点大学的乡村姑娘。但因家里为父亲治病欠下了8000元债务，父亲无奈含泪要她退学回乡务农。这个女孩有着强烈的求知欲望，宁可啃干馒头过日子，也要完成学业。董之一得悉后，当即替她还清了债务，还提供她上学的一切费用，直到大学毕业。

1998年冬天的一个上午，一个陌生的四口之家在原《新民晚报》社大楼门前嘤嘤哀告要见董之一。董之一便下楼去接待。当一对中年夫妇知道来者就是董之一时，磕头便拜，身后的一个老奶奶和一个小男孩也齐刷刷跪了下来。董之一慌了，急忙扶了起来。原来那素昧平生的一家子是来磕头道谢的。中年女子姓王，丈夫病缠在身，上有老人需赡养，下有孩子在读书，用自己微薄的工资支撑家庭本已十分困难，可又"屋漏偏逢连夜雨"，自己又突然下岗、生病。后来，她凭董之一在华东医院办的"爱心医疗帮困卡"解决了燃眉之急，幸运地得到了帮助。病愈家安之后，知道董之一的功德，一家人选择了这一古老而质朴的表达方式。董之一被面前的这一幕震撼了，心想：我一辈子也忘不了这个场景，今后要尽我所能，帮助这样的受苦人。

董之一就是这样一个平凡而俭朴的人。他每天骑着自行车或步行上下班，靠工资生活。他的家也不富裕，妻子下岗，他本可以凭自己的一技之长致富，但他却把希望都给了他人。人们为董之一的钟馗画所折服，更为他的无私奉献精神所钦佩。2001年秋，中国台湾有一画商慕名来找董之一，欲买断他的钟馗画，条件是送一幢豪华别墅、一辆进口轿车，每年再付一份丰厚的报酬。对此，董之一未有丝毫犹豫，断然拒绝。这位台湾画商大跌眼镜，颇有感触地说："伟大的祖国，可敬的先生。"

◎故事感悟

董之一的故事永远也不会结束，只要他和他的精神存在，慈善帮困的故事就会一章一章地续写下去。

◎文苑拾萃

钟 馗

钟馗是中国传统文化中的"赐福镇宅圣君"。古书记载他系唐初长安终南山人（据古籍记载及考证，钟馗故里为陕西省西安秦岭中段终南山下户县石井镇欢乐谷），生得豹头环眼，铁面虬鬓，相貌奇异；然而他却是个才华横溢、满腹经纶的人物，平素正气浩然，刚直不阿，待人正直，肝胆相照。

钟馗是中国民间俗神信仰中最为人们熟悉的角色，贴于门户是镇鬼趋邪的门神，悬在中堂是禳灾祛魅的灵符，出现于傩仪中是统鬼斩妖的猛将，由此派生出形形色色的钟馗戏、钟馗图。连《本草纲目》里，也收录用钟馗像烧灰以水冲服或配和其他药面成丸以治疗难产、疟疾等症的"秘方"。据中国《民俗》杂志报道，时至20世纪90年代，甚至还有人为治病延请巫师举行所谓"镇钟馗"捉鬼驱妖、安宅保太平的仪式（施汉如、杨问春《"镇钟馗"傩仪记》）。

对普通百姓来说，"钟馗捉鬼"之类的故事几乎人人熟知。钟馗信仰在民间的影响既深且广。但这只是问题的一个方面。另一方面，钟馗这位神通广大的神其身份来历恐怕就不是一般人能够说得清了。事实上，这个问题自唐代以来就令许多学者争论不休。近年来，随着民俗文化的兴起，钟馗信仰的起源与流变等问题又被提出，众多学人各抒己见，歧说纷见，迄今尚无定论。

目前所知最早记载钟馗其人其事的是唐卢肇的《唐逸史》：开元年间（713—

741 年），唐玄宗病中梦见一小鬼儿盗走玉笛以及杨贵妃的绣香囊。玄宗大怒，正要派武士驱鬼，忽见一大鬼奔进殿来。此鬼蓬发虬髯，面目可怖，头系角带，身穿蓝袍，皮革裹足，袒露一臂，一伸手便抓住那个小鬼儿，剜出眼珠后一口吞了下去。玄宗骇极，忙问是谁？大鬼向玄宗施礼，自称是终南山钟馗，高祖武德年间，因赴长安应武举不第，羞归故里，触殿前阶石而死。幸蒙高祖赐绿袍葬之，遂铭感在心，誓替大唐除尽妖魅。唐玄宗醒后，病也霍然而愈。玄宗令画家吴道子按其梦中所见画一幅钟馗像。像成，玄宗在画像上批曰："灵祇应梦，厥疾全瘳，烈士除妖，实须称奖；因图异状，颁显有司，岁暮驱除，可宜遍识，以祛邪魅，益静妖氛。仍告天下，悉令知委。"有司奉旨，将吴道子《钟馗捉鬼图》镂板印刷，广颁天下，让世人皆知钟馗的神威。

真爱的回放

◎一为不善，众美皆亡。——陈寿

　　2003年9月18日清晨，安徽宣城一个叫胡村的小村庄热闹起来了。孩子们早早地赶到了他们新落成的小学——史桂娣希望小学。特地从上海赶来参加小学落成仪式的史桂娣老人的丈夫唐老伯抚摸着操场边老妻的半身铜像，对"她"说："你的愿望实现了。"

　　史桂娣是家住上海市静安区昌平大楼的一个普通的老太太。2002年11月，史老太病重，她估计自己来日不多，在病榻上向丈夫唐月成吐露心愿，说自己出身贫寒，小时求学不易，一直想着有一天要将家中的积蓄建一所农村小学，让失学的孩子有书读。不久，史老太便撒手人寰。料理完后事，唐月成召集子女开了一次家庭会议，商量如何实现史老太的遗愿。当着一双儿女，唐月成表明心迹："我的退休金不少，养老肯定没问题，我希望你们能帮母亲实现这个心愿。"儿女二话没说，一致同意。

　　几天后，唐月成带着儿女一起来到上海市希望工程办公室。在他们的帮助下，唐老伯一家向希望工程捐献25万元，在安徽省宣城市宣州区沈村镇胡村回族村建一所希望小学。唐老伯夫妇俩都是普通的退休职工，平时省吃俭用。老人说，儿女都成家立业了，我有份不错的退休金也可以安安稳稳地养老了，家中的积蓄用于实现老伴的遗愿，让更多的农村孩子有一个像样的课堂。儿女更是支持母亲的善举："母亲这个最后的愿望是留给我们最好的遗产。"

　　2003年7月7日，唐老伯和儿女特地来到安徽胡村，看看那里的孩子，看看那里建造中的学校。胡村小学原在小溪边，因村里贫困，小学年久失修，已成危房。而今，新校舍占地6亩，18间教室，还铺就了一个大大的操场，这让孩子们格外高兴。

史老太一家的善举，直到他们回到上海才被大楼里的邻居们"发觉"。居民们开了会，说，史老太临终不忘贫困的孩子，为他们盖学校，那我们也认助几个希望小学的贫困孩子。大楼里的6位离退休老人就认助了6名孩子，使他们成了大楼首批结对认助的小学生。

好事很快传开了，静安区图书馆为孩子们捐出六百多本图书，提出要在希望小学建立第一个馆外图书室，让孩子们不断有新书看。静安区科委听说希望小学就要落成了，捐出了打字机和誉印机。

◎故事感悟

一位普通老人留下了一片爱意，这爱意也最终汇成爱的热流，涌动在居民当中，洋溢在一个普通的小村庄里。

◎史海撷英

希望小学回眸

1989年10月30日，自"希望工程"开始实施，一所所希望小学随着公益和慈善的波浪，在困难的山区及贫困地区建了起来。万千贫困孩子带着求知的渴望和对未来无限的憧憬，在希望小学尽情地放飞着"希望"。

1990年5月19日，共青团中央和中国青基会，在安徽省金寨县南溪镇中心小学原址上修建了全国第一所希望小学。

南溪镇曾走出过14位开国将领。长期以来，由于贫困，这里的许多孩子上不起学。过去南溪中心小学校舍由破旧的彭氏祠堂翻建而成。

而如今，记者在金寨希望小学里看到，其前身南溪小学的破旧祠堂已不见踪影，现在学校里教学楼干净明亮，不仅建了图书室，还设有微机教室。

校长彭大海告诉人们，学校的教学环境得到较大改善，学校由原来的8个班、400余人，发展到现在的21个班、1410人。建校以来，金寨县希望小学共培养4000余名毕业生，其中有400多人考上大学。

随着全国第一所希望小学落成，在持续如潮的社会捐助下，希望小学以每年760多所的速度递增，上万所贫困地区的农村小学告别危房，上千万少年儿童直接受益。图书室、数字电影设备、希望网校、快乐体育园地、快乐音乐教室等教育设施如雨后春笋般拔地而起。

20多年来，希望工程建设希望小学1.5万多所，捐赠希望工程图书室1.4万多个，培训乡村小学教师5.6万余名。上万所贫困地区的农村小学告别危房，成为希望小学，其中，80%集中在中国的西部、中部和东北三省。

◎文苑拾萃

希望小学

希望小学是社会上一种公益活动，目的在于通过援助资金、物资等有意义的活动，帮助落后省份、县、市、乡镇等地方建校办学，或对接贫困学生，或长期在教育教学方面全面帮助提高，以此给一个地方带来希望与梦想，尽快致富奔小康。

凡捐款25万元援建希望小学和10万元资助改造危旧校舍者，均可将捐款汇至中国青年基金会，并来人或以函电方式提出捐款意愿和有关要求。捐赠者可在实施希望工程的贫困地区选择建校地点、提出相关要求，也可请中国青基会按照其资助计划在贫困地区代为选点。如捐赠者需要，可同中国青基会签署捐资建校协议书，以保证意愿的落实。

建校地点、规模经中国青基会同建校地所在省（自治区、直辖市）希望工程实施机构考察认定后，即由中国青基会、省级希望工程实施机构和建校地所在县级人民政府三方共同签署《资助建校协议书》，对建校的规模、设计、工程预算、匹配资金、工程进度、时间、工程决算和审计等各项工作及各方责任和义务作出详细规定，依法管理。学校建成后，由中国青基会统一授发希望小学校牌。捐赠者在建校过程中，可随时监督工程的进展情况，并可提出质询或进行实地考察，亦可参加学校奠基仪式或竣工典礼。

用音乐拯救"玫瑰"

◎养善百年，丧德一日。——中国谚语

2003年的某一天，上海东方电视台音乐频道《中国乐坛》的编导在报上看到了一条名为《救救玫瑰》的文章。文章报道了一个正在读研究生的花季女孩身患重病，急需救助。于是，编导想法与当事人取得了联系，准备捐款。接电话的是患者的妹妹，姑娘向编导提出了一个请求，希望能为姐姐创作一首歌曲，鼓励姐姐不要放弃生命，勇敢地面对病魔。

《中国乐坛》摄制组马上跟随妹妹来到了姐姐所住的苏州医院，与一个备受白血病折磨的女孩黄乃慧见了面。当时才26岁的她，正值如花的年龄，从小学到中学，她与妹妹的学习成绩一直名列前茅，也一直是父母的骄傲，邻里孩子们的楷模。病发前，她是上海华东师范大学的一名研究生，本打算出国留学。然而，2003年8月，黄乃慧突然被诊断出患有慢性粒细胞性白血病。对于一个普通家庭来说，家中有人得了白血病，将意味着要花很大一笔钱用于治疗，甚至很有可能倾家荡产。黄乃慧非常幸运，她的不幸遭遇被媒体及时地报道出来后，爱心捐助从全国各地汇集过来，她成功地完成了骨髓移植手术。始料不及的是，几个星期后她又出现了严重的排异反应。如要继续治疗下去的话，还需近30万元的医疗费用。30万元，对于一个普通家庭来说，是怎样巨大的一个数目！

经过深思熟虑，黄乃慧决定放弃治疗，她不愿意再给家人和社会增加负担——她要以自己的生命换回大家原本平静的生活。她的决心下得十分坚定，没有人可以劝动黄乃慧，甚至是同胞妹妹。

妹妹的愿望很朴实,希望能为姐姐写一首歌,名字就叫《真爱无言》。于是,一场特殊的救援工作开始了。

东方电视台音乐频道当时在上海家喻户晓,有着独特的影响力。编导们决定利用媒体的优势用创作歌曲的办法去拯救黄乃慧,去感动观众。

《中国乐坛》摄制组里活跃着一群接受过正规音乐训练的年轻人,他们是一群富有爱心的音乐人。8月的上海,骄阳似火,摄制组冒着酷暑一边开始为黄乃慧创作感人的爱心之歌,一边辗转于上海和苏州之间,收集相关的制作素材。经过紧张而短暂的拍摄制作,一档关于爱心歌曲的节目在2003年8月27日如期播出。节目播出后,产生了强烈的社会反响,观众的来信来电络绎不绝。音乐频道的全体员工也自觉地加入到这场爱心救助中,为患者捐款、捐物。

◎故事感悟

黄乃慧,这个在绝望边缘徘徊的女孩,在这首为她特制的《真爱无言》中获得了重新战胜病魔的勇气。是的,真爱是无法用语言来表达的。从《真爱无言》悠扬的旋律中流出的,不仅仅是简单的音符,而是心的呼唤、爱的力量与生命的真正意义。

◎史海撷英

音乐频道开播

中央电视台开播音乐频道,这是中央电视台继2003年12月28日开播少儿频道后的又一个崭新的频道。2004年3月29日,中央电视台音乐频道以播出中外古典音乐和世界各民族音乐为主要内容,大力弘扬中国民族音乐。在节目的安排上,既有欣赏性节目又有普及性节目,既有观众参与的互动节目又有音乐咨询类节目。

音乐频道每天播出18小时,每6小时为一单元,首播一次、重播两次。音乐频道以"享受音乐·感悟人生"为主题词,其频道定位是,在欣赏性的基础上加大普及音乐知识的力度，引导和提高国民音乐素质和欣赏水平。为电视观众搭建一个了解、欣赏、认知音乐的平台。

◎文苑拾萃

白血病

白血病是造血组织的恶性疾病，又称"血癌"。其特点是骨髓及其他造血组织中有大量无核细胞无限制地增生，并进入外周血液，将正常血细胞的内核明显吸附。该病居年轻人恶性疾病中的首位。原生性病毒可能是神经性负感组织增生，还有许多因素如食物的矿物放射性化、毒化（苯等）或药物变异、遗传素质等可能是致病的辅因子。根据白血病细胞不成熟的程度和白血病的自然病程，分为急性和慢性两大类。

琴韵箫声里的老人乐园

◎人生一日，或闻一善言，或见一善行，或行一善
事，此日方不虚度。——《治家格言》

　　2004年5月12日下午，上海某区的众仁老人乐园的食堂大厅里传出阵阵悦耳的乐曲声。琴声绕梁，连同不时响起的掌声和欢快的笑声一起打破了园子的静谧。原来"众仁乐园钢琴班"正在这里举行汇报演出。钢琴班老人专注的演奏和优美舒缓的乐曲，打动了在场每位听众的心。

　　2002年的5月，上海老龄大学的五十多位学员为乐园的老人精心准备了一台主题为"你我本是同龄人，携手共唱夕阳红"的晚会。演员们精彩纷呈的演出，高超精湛的技艺，给乐园的老人留下了深刻的印象，特别是陈家桢老师的一曲钢琴独奏——《献给爱丽丝》，更是让在场老人听得如痴如醉。演出结束后，许多老人激动地走到陈老师身边，紧紧握着她的手，希望她能到乐园来教大家弹钢琴。老人们对音乐的渴求，使陈老师非常感动，她向乐园领导表示愿意在乐园开班，义务教老人弹琴。于是，乐园里有了一个钢琴班，16位老人开始了学琴之路。

　　老人们执著学艺的精神深深感动了陈老师，而陈老师也把教琴作为自己义不容辞的使命。陈家桢家住上海市区，每次到嘉定来教课，路程很远。但无论寒冬酷暑，她从不失约，即使是刚刚做完胆囊切除手术，她依然坚持来乐园上课。陈老师教得认真，学员们学得也认真。跟陈老师学琴的老人大都年逾古稀，他们手指僵硬，反应迟缓，面对种种困难，老人们并不畏惧、退缩。钢琴班开班两年了，中途没有一个人打退堂鼓。学员邱素华身患癌症，另一学员黄毓珍视力只有0.1，她们与一般的学员相比要遇到更多的困难，但

她们不甘落后，每次都竭尽全力，按时完成陈老师布置的作业。

乐园原来只有一架钢琴，陈老师感到无法满足老人们弹琴的需要，便发动老龄大学钢琴班的学员集体捐款，准备为乐园添置一架二手钢琴。后来，上海隧道工程轨道交通设计研究院的沈秀芳院长得知了此事，当即表示："要捐就捐台新钢琴，捐款全部由我院承担。"

5月12日这一天，一架崭新的钢琴送到了乐园的食堂大厅，老人们用它弹奏出他们心中的歌。虽然他们的演奏水平不高，但这个钢琴班、这架钢琴、这个演奏会凝聚着众仁对老人的关爱。

◎故事感悟

美妙的旋律在老人们的心中回荡，令人感动的不仅是这些古稀老人演奏的，还有社会各界人士一起谱写的乐章。只要人人都献出一点爱，世界将变成美好的人间。

◎文苑拾萃

钢琴曲《献给爱丽丝》

贝多芬是集西方古典派之大成，开浪漫乐派之先河的伟大作曲家。人们都比较熟悉他的交响曲、协奏曲、室内乐和歌剧等大型作品，但是，他为数不多的器乐小品也同样给人留下了深刻的印象。钢琴小品《献给爱丽丝》就是其中比较著名的一首。但在他生前未发表，乐谱发现于1867年。这首乐曲可能是作者40岁时（1810年）为他的学生，名叫伊丽莎白·罗克尔的女高音歌唱家所作。此曲形象单纯、技巧浅显，显然是为了适合于初学者的弹奏程度（现为钢琴五级曲目）。发表以后，不胫而走，几乎成为初学者必弹的曲目之一。

伊丽莎白·罗克尔是德国的女高音歌唱家，也是男高音歌唱家约瑟夫·奥古斯特·罗克尔的妹妹。1807年，14岁的伊丽莎白跟随哥哥来到维也纳，很快就被贝多芬所接纳，成为他身边为数不多的朋友之一。伊丽莎白后来嫁给了贝多芬的朋友。贝多芬在创作这首乐曲时，两人保持着亲密的友谊，显然这首曲子是献给她的。那段时间里，在贝多芬的生活中从来没有出现过叫爱丽丝或伊丽莎白的其他女子，爱丽丝是伊丽莎白的昵称。可以确认的是，贝多芬十分喜欢她。

ZHONGHUACHUANTONGMEIDEBAIZIJING
中华传统美德百字经

恤·恤寡怜贫

第三篇

恤寡怜贫

特殊家庭的风雨历程

◎行善不以为名，而名从之。——《列子》

　　2004年5月26日上午，在上海市慈善基金会十周年庆的图片展上，一位挂着双拐的身穿绿色军装的中年男子跟在人群后面缓缓地进入展厅，目光专注地浏览着一幅幅照片。当他走近残疾英雄邵福临收养弃女的一组照片时，有几位眼尖的观众看着他忍不住说："你不就是图片的主人邵福临吗？"

　　故事要从20世纪70年代的一次大火开始。

　　40多年前的一天，正在车间干活的22岁的邵福临来到门口的茶桶旁喝水，这时碰到了一件意想不到的事。一个满脸灰尘、神色紧张的工人匆匆前来借灭火器，邵福临一听是船厂的"风雷号"失火了，抱起灭火器就跟那人赶向失火地点……

　　那次肆虐的大火给年轻的邵福临留下了脑震荡的后遗症，但小伙子没有后悔自己的义举。一年后的一天下班途中，他碰巧又遇到了高阳路上的一家仓库失火，再次义无反顾地冲入火中……这次因一氧化碳中毒，邵福临成了一名双下肢残疾的靠双拐走路的人。

　　邵福临是一位上进心强、性格倔强、从小对革命传统教育记忆尤深的青年。虽然受脑震荡影响，他的记忆有所损伤，但有一点他是决不含糊的，那便是对革命传统的坚守。他喜欢穿绿色军装，崇拜解放军，信奉革命英雄主义。正因为如此，当国家和集体财产遭受危险时，他都能挺身而出。同样，在20年后，当他遭遇人性和道德的又一大考验时，能再度做出断然的抉择。

　　1991年，邵福临偶然认识了一对摆地摊的外地夫妇。半个月后，那个正怀着三个月身孕的女人来找他，请求他帮助他们找一间临时栖身的房子，以备分娩之需。邵福临看她很困难，就把自家的房子借给他们住。那年的大年初五，一个女婴呱呱落地，邵福临和老母亲为产妇和婴儿端汤送水，付出了许多精力和物力。没想到，小孩刚满月，那对夫妇就留下孩子借外出旅游之名而一去不返了。

邵福临傻眼了。他是个手脚不便的残疾人，没有结过婚，根本不懂带孩子的事；而老母亲当时也已65岁了，不能过多劳累。望着哇哇啼哭的孩子，邵福临的心中犹如翻江倒海，怎么办？世上真有这样的狠心人，舍得扔掉自己的亲生骨肉，以前只在电影和小说里看到过这种事，没想到真让自己碰到了。他咬咬牙，一边擦着满脑门的汗，一边对母亲说：救人一命总是要救的，再怎么也得救！您老人家就当捡了个孙女，我这个没结过婚的人就学着当她的"爸爸"吧。

自从收养了孩子后，邵福临和老母亲就忙得团团转了。他常常要出门给孩子买尿布什么的，也要帮烧饭洗衣的母亲打下手。他的身体重度残疾，病痛老是折磨着他，骨头痛起来浑身像要爆炸一样，但他以难以想像的毅力忍受着病痛，尽全部的力量呵护着孩子。

家中经济条件很差，仅靠母亲微薄的退休金和他几百元的病假工资度日。邵福临作为"爸爸"，硬是把自己每天一瓶的牛奶省下来给孩子喝。听人家说进口奶粉营养丰富，他又借钱去买来给孩子喝。为了防止孩子因晚上蹬掉被子而着凉，他整夜整夜不睡觉地守在孩子身边……

这个柔弱的小生命在一个并无血缘关系的家庭里成长着，她的脸长胖了、会笑了，一点点地会坐了、会站了。有一天——邵福临永远记得那个幸福的日子——她用一双好看的大眼睛望着他，忽然模糊地叫了一声"妈妈——"。邵福临一惊，奇怪地瞅着她，嘴里情不自禁地说："不对，不是妈妈，是'爸爸'……"没想到这时孩子小嘴一张，清楚地脱口叫道"爸爸！"邵福临激动得泪花在眼眶里打转，捧起孩子的小脸蛋亲了又亲。

邵福临收养弃女以后，受到了社会各界的关爱。

2002年，上海市慈善基金会理事长陈铁迪亲临邵福临家慰问，还送上了

5000元慰问金。

当年得到这笔捐助后，家里为如何花这笔钱还起了"纷争"。邵母想给患有严重痔疮的儿子治病；邵福临认为该用这笔钱为女儿买份医疗保险，将来如果自己不在了，女儿好有个保障；小女儿却希望家里有一台冰箱，这样，年迈的奶奶就不用天天去买菜，爸爸也可以不吃馊了的剩饭。

经济稍微宽裕了，邵福临送女儿去参加各种培训。他在自己的轮椅后面组装了一辆旧自行车，让女儿坐在自行车上，他在轮椅上摇，女儿在后面蹬。在街上，这样的骑车方式常引起路人好奇的眼光。

女儿在父亲的关爱下茁壮成长起来。这个特殊的家庭，在2001年也被评为上海肢残人"百户好家庭"。

就是这个简陋而又特殊的家庭，贫穷，挡不住三颗爱心的涌动。虽然他们还背着四万多元的债务，但几年来他们已先后捐出一万多元。

故事没有完，爱，还在延续；情，仍在涌动。

◎故事感悟

邵福临扶危救困，恤寡怜贫，一个残疾人能做到这些是多么的不易，他要承受生活多大的压力啊！但邵福临顶住了，在其艰苦奋斗、勤劳肯干之下，他的精神也受到了社会的关注和赞誉，他的品德也受到了人们的赞扬。

◎史海撷英

大兴安岭森林火灾

1987年5月6日至6月2日在黑龙江省大兴安岭地区发生了新中国成立以来最严重的一次森林火灾。

该大火不但使得中国境内的72843平方千米（相当于苏格兰大小）的面积受到不同程度的火灾损害，还波及了苏联境内的48562平方千米森林。

这次火灾在大兴安岭地区的西林吉、图强、阿尔木和塔河4个林业局所属的几处林场同时发生。起火最初原因是一位林场工人启动"割灌机"引燃了地上的汽油造成的，灭火时只熄灭了明火，却没有打净残火和余火，致使火势蔓延失控。

◎文苑拾萃

中国国际慈善基金会

中国国际慈善基金会（英文名 CHINA INTERNATIONAL CHARITY FOUNDATION 缩写 CICF）是由六百多名中央新闻媒体记者共同发起，若干社会志愿组织、热心慈善事业同仁参加的全国性非营利公益社会团体。依法于 2006 年 9 月 19 日正式登记注册，具有独立法人资格。本会宗旨是发扬人道主义精神，弘扬中华民族扶贫济困的传统美德，帮助社会上不幸的个人和困难群体，开展多种形式的社会救助工作，为建设和谐社会尽一份心力。

清贫老人无价爱心

◎善不积不足以成名，恶不积不足以灭身。——《周易》

1999年，上海各大媒体都报道了一条新闻，江苏省19岁的张姑娘，被老乡骗到上海逼迫她"干坏事"。姑娘不畏强暴，从5楼跳下逃生，因此摔断了双腿，落下了残疾。

小张姑娘在电视屏幕上挂着一根棍子，扶着床沿艰难行走的身影深深打动了一位观众的心弦，他就是吕民族老伯—— 一个在56年前因病而瘫痪，至今仍清贫独居的老人。

"我要帮帮她！"吕民族托人帮着打听小张姑娘的情况，但几个月过去了，始终没有结果，于是他决定亲自出门寻找。1999年5月中旬的一天，老人挣扎着起床，独自一人摇着轮椅开始了寻觅之路。

吕民族一路艰辛赶到上海电视台，没想到电视台也没有姑娘的地址。无奈之下，吕民族把轮椅摇到自己原先的单位，向厂长求助。厂长为吕老伯的精神所感动，当即就帮他联系。后来几经周折，才终于找到了小张姑娘的地址。

吕民族给小张写了一封信，写下自己锻炼的方法，鼓励姑娘与病魔抗争，还表示要把自己修钟表、修机床等一些技术传授给她。考虑到姑娘治病要花钱，吕民族随信寄上了2000元。

这是一封点燃希望的信。接到信时，小张姑娘正处于经济和精神的双重压迫之下：一方面残疾的病体康复需要一大笔医药费，一贫如洗的家庭已经无力承担；另一方面，迫害她的人虽被绳之以法，但当地不知内情的乡亲却纷纷指责她不讲人情。

不堪重负的小张姑娘终日以泪洗面，几度想用自杀来了却自己年轻的生命。此时，吕民族的来信字字句句如亲人般的叮咛，让姑娘和家人感受到了前所未有的温暖。

从那时起，一位重残的上海孤老和一位素不相识的江苏姑娘开始了鸿雁传书。不同的遭遇，相似的疾患，对生活共同的热望，把两颗心紧紧地连在一起。

2000年春节，小张姑娘的伤情有了好转，但还不能行走。姑娘的父亲怀着感激的心情，拎着一只鸡、一只鸭和一篮鸡蛋来到上海，探望这位古道热肠的老人。

一进门，小张的爸爸惊呆了，没想到住在这么简陋的地方，怎么还能拿出钱来帮助别人？

看出了他的疑惑，居委会干部讲起吕老伯的为人：老人很"小气"，每月四百多元的退休工资，他每一分钱都要精打细算。他喜欢吃大饼，却从来不舍得花6毛钱买一个，而是每天早上自己用面粉做烘饼吃。他在电视里看到一位老师为了帮困，一年只吃一二斤油，他也跟着学，每天只熬些粥吃。

靠着一斤油吃两个月，一斤蔬菜吃三天，吕民族每年能省下三千多元。这些钱只有在关键时刻才动用：1998年发生特大洪灾，他一下子捐了2000元，带动了整个小区的捐款热潮；因为自己是孤儿，他又向市儿童福利院送去捐款2000元。

姑娘的父亲被深深震撼了，这是一种什么样的情怀！

2002年3月，小张姑娘经过治疗和自己努力，竟然奇迹般地完全康复了。她在家人的陪同下来到上海，第一件事就是拜访吕民族老人。一老一少见面的那一刻，百感交集。

老人一开始就急切地询问姑娘的病情。得知她完全康复并将留在上海继续打工创业，吕民族无比欣慰。临走时，老人又拿出500元钱，塞到姑娘手中，这一回姑娘说什么也不肯收，直到最后吕老伯说："你刚回到上海，要重新创业，这算是我给你的创业费……"姑娘这才感激万分地收下了。

此后几年，吕民族仍不断地给予小张姑娘经济上的资助和精神上的鼓励。后来小张不但事业有成，而且还成了家，幸福地当上了妈妈。

◎故事感悟

吕民族老人的善心影响着周围的每一个人，他不追求生活的安逸，用自己的积蓄帮助一个又一个有困难的人。吕民族老人的崇高品质和乐于助人的精神是我们整个社会应该大力赞扬和学习的榜样！

◎史海撷英

"爱心文化"的发展

毛泽东在谈论到孔子的智、仁、勇思想时曾指出："仁像现在说的'亲爱团结'。"（《毛泽东书信选集》）他在《为人民服务》一文中，也特别强调人与人之间的"互相关心，互相爱护，互相帮助"。中华民族这种道德传统和深厚博大的"爱"正是今天互帮互助、助人为乐和为维护社会利益、人民利益而不惜牺牲自己利益的精神源泉。换句话来说，就是"要创造一种关心他人，接纳他人，对周围的一切心存感激的心态"。

当然，这种"仁爱"思想有其历史局限性，所以，在继承这种"仁爱"思想时要注意批判和改造。在培育"爱心文化"的时候，不仅要注重对中国传统道德文化的继承，更要结合时代要求，以社会主义的道德标准来培育更完美的道德体系。

现在的"爱心文化"以"爱"为核心，以"尊重、理解、关怀、热爱"为基本内容，发扬"自爱、自尊、自强"的精神，以"尊重他人、理解他人、关心他人"为基本要求，以"爱集体、爱社会、爱祖国、爱人类"为自我道德责任感。

◎文苑拾萃

"爱心文化"

　　"爱心文化"以"爱"为核心，是对我国"仁爱"思想的继承。"仁爱"历来是中华民族传统道德的重要内容，它提倡人与人之间应互相关心、互相尊重、互相友爱、互相帮助。仁爱观念是中国传统道德的"立人之道"，是儒家道德的核心精神。而"爱人"则是孔子关于"仁"的道德原则的第一要义。按照孔子的说法，"仁者"的含义就是关心人、帮助人，以帮助他人作为自己的最大快乐。孟子发展了孔子的"仁爱"思想，提出"亲民而仁民，仁民而爱物"（《孟子》）的道德观，强调厚德载物的精神。因此，儒家的仁义之道就是爱人。这种精神就是贯穿古今的人道主义精神，就像孙中山所说的仁爱"是中国的好道德"，对人对事"都用爱字去包括，这种中国固有精神应该发扬光大"。

真情十八年

◎雪中送炭，贵在真送炭，而不只是语言劝慰。炭不贵，给的人可真不多。——三毛

　　王永章，是上海虹桥居委会居民人人称颂的"大好人"，他至今已经快80岁的人了，但他几十年如一日抚养无血缘关系的残疾人的儿子任忠发的事迹，感动着所有的人。

　　事情还得从1986年9月的一天说起。

　　这天，王伯伯拖着疲惫的身子回到家，见老伴抱着一个瘦弱的婴儿。他正疑惑，老伴告诉了事情的原委——在残疾厂工作的小任夫妇都是聋哑人，妻子小时候得过脑膜炎，留下精神不正常的后遗症，八个月前生下小忠发，由于无法抚养，所以小孩病弱不堪。老伴见了可怜，想带回来帮着抚养几天，待孩子体质好些了，再送回去。王老伯想小夫妇能生不能养也是怪可怜的，但看孩子这么瘦小，怕养不好，反让他父母见怪。再说家里的生活本来就十分拮据，带个孩子日子不是更吃紧？这一连串的问题，促使王老伯不得不深入思考。但生性善良的王老伯看到孩子扑闪扑闪的眼睛似在期盼着什么时，他下决心留下了小忠发。从此，王老伯劳累之余，总要和老伴一起照料孩子，喂牛奶、换尿片、洗尿片，逗孩子……

　　就这样小忠发一带就是好几年。看到同龄的小孩都上幼儿园了，小忠发怎么办？上幼儿园哪来的入园费？忠发父母维持自己的生活都十分艰难，根本没余钱为儿子付托费。老俩口一合计，咬咬牙从自己家省吧。于是老人用自己的钱送小忠发进了幼儿园。王老伯每天早上骑自行车送去，晚上骑自行车接回，风雨无阻，小忠发和所有的小朋友一样，过着幸福的童年生活。

　　眼见孩子一天天长大了，到了他上小学的年龄时，王老伯家里的开销也越来越大，老伴萌生了让忠发回自己家去的想法。开始王老伯不同意，这些年建立起来的感情怎能就此割舍？但家里确有实际困难又让他不得不妥协，于是小忠发回到了父母身边。忠发走了，王老伯心里空荡荡的，他时时想着小忠发，他父母能安排他的生活吗？上学会不会迟到？作业能按时完成吗？买文具的钱有吗？……小忠发牵走了王老伯的心，他寝难眠，食无味，坐不宁，行不安。他还是每天清早起来赶到忠发家叫他起床，给他准备早餐，送他上学，给他买文具，安排他一天的生活。

　　就这样风雨无阻地照顾他一年后，王老伯觉得这样仍不是办法，决定接忠发回来，但遭到老伴的反对。此时王老伯已在一家红木家具店找到一份晚上守店的活，他便让忠发白天到学校去上学，放学后随自己在店里吃、住、学习。这样的日子一直持续到忠发上初中。

　　就在王老伯带着忠发艰难度日的时候，忠发的父亲突发脑溢血，经抢救后虽脱离了生命危险，但必须住院治疗，还得请护理工日夜陪护。走投无路的忠发哭着找到王老伯，王老伯劝慰忠发要坚强，要安心学习，至于请护工等费用的事由他来想办法解决。几天后，王老伯终于想出了一个办法：将忠发家的房子一隔为二，其中一半租出去收房租。接着王老伯又忙着隔房、租房、收房租，使忠发家暂时走出了困境。

　　这时，忠发的一位表姐要将忠发接到她家去住。因表姐家的经济条件较好。为了让忠发能有一个良好的生活环境，王老伯强忍不舍，将忠发的衣服、被褥、学习用品、粮食补助卡等一并交给了他表姐。然而仅仅才过了一个月，表姐的婆母就不时地数落忠发：吃饭胃口太大、晚上写作业耗电、早晚洗漱费水。王老伯获知后十分伤感，心想决不能让忠发的身心受到这样的创伤。于是毅然将忠发又接回自己的家。

　　但是家人却不理解："连他的亲戚都没有亲情，我们和他非亲非故的，为什么硬要往自己家里揽？"王老伯说："忠发跟我们这些年了，什么也比不上这份情。你不带我带！"此时王老伯年岁已高，他带着忠发吃住在店里，店老板不高兴了，就把他辞退了。带着忠发有家回不去怎么办？居委会得知情况后，请王老伯去居委会值班，这样王老伯就带着忠发住进了值班室。从此王老伯将所有收入和精力全部投入到对忠发的培养上，只盼着忠发早日成才。

因忠发家属特困户，政府每月发放给忠发250元的生活补助金，这些钱都由王老伯代领代管。考虑到忠发日后在学习上还需要花很多钱，所以领到补助金后，王老伯自己再添50元，凑够300元全存了起来。果真，这笔钱在忠发以后学习的日子里派上了大用场。

为了使忠发能读上书、读好书，当忠发考上高中了，王老伯高兴之余又为学费发愁。他专程找学校校长，多次恳求校长减免学费，王老伯的赤诚之心终于打动了校长，答应减免一半。他又找到居委会，居委会更被王老伯的善行感动，也答应解决一部分。剩余的学费，王老伯把忠发的生活补助金加上自己抠下来的钱一齐垫上去。终于，忠发可以和其他同学一起高高兴兴跨进明亮的教室。

忠发读高一了，而王老伯已是71岁高龄的老人了。居委会干部不忍心王老伯再守夜值班，就让他回家安度晚年。在这之前他的老伴也曾多次劝他回家，这次更是主动来帮他拿行李。王老伯回家见老伴已将忠发的床架好，褥子铺好，书桌放妥，这才心里踏实下来——忠发安顿好了。

转眼忠发读高三了，这可是关键的一搏啊！时值酷暑，为了让忠发有一个安逸舒适的学习环境，王老伯在忠发的房间里装了空调，可是转身忠发又把空调关了。王老伯从忠发的眼神里似乎发现了什么，找到老伴一问，老伴倒发话了："你疼忠发比疼自己的亲孙子还疼，你对家里哪还有情？"王老伯亦动情地说："孙子有全家人在疼，可是忠发，我不疼他谁还疼他？他也是要人亲、要人疼啊！"这样的环境忠发怎能安下心来？王老伯决心忍痛将忠发送回他自己的家。面对家徒四壁的房间，王老伯咬咬牙，拿出自己省吃俭用攒下的全部积蓄，帮忠发装了空调、安了电话、摆了写字台。从此，他又开始了早晚接送，为让忠发的饮食有规律有营养，他每天下午准时把钱送到忠发手里，看他吃上可口的饭菜；为了让忠发有充足的学习和休息时间，每天晚上九点他还要接晚自习的忠发回家。他一直在关注着忠发的生活和学习，直到最后的冲刺。

当年的瘦弱婴儿，如今已长成一米八八的英俊小伙。小伙子身材健硕、神采奕奕。当人们问及他的过去时，他动情地说："是爷爷历尽艰辛、茹苦含辛把我拉扯大，是爷爷教我做人的标准——真诚，是爷爷告诫我——服务人民、回报社会。"忠发即将面临高考，他说："考上大学，我将努力深造，做一名优秀的建设者；考不上大学，我将参加解放军，做一名忠诚的祖国卫士。"

忠发是不幸的，因为父母双残，使他过早地失去了父母的关爱；但忠发又是万幸的，因为有王老伯这样的人，用尽他晚年的心血抚育他健康成长。

◎故事感悟

十几年来，王老伯用他善良慈爱之心给了小忠发一生最大的温暖。王老伯善心和爱心给了忠发一份希望和幸福，同时也让自己的晚年过得更加充实而有意义！

◎史海撷英

大学扩招

大学扩招是指中华人民共和国境内自1999年开始，高等教育（包括大学本科、研究生）不断扩大招生人数的教育改革政策。扩招源于1999年教育部出台的《面向21世纪教育振兴行动计划》。文件提出：到2010年，高等教育毛入学率将达到适龄青年的15%。

此后高等教育的规模发生了历史性变化，在短短的五六年中，大学招生扩大了将近3倍，"大众化教育"取代了"精英教育"。至2005年统计结果显示，中国内地适龄青年高校在校人数居世界第二位，仅次于美国。但近些年扩招所带来的一系列社会问题不断突现出来，扩招将对中国现代化发展带来深远影响。我们国家已每年加大了教育经费的投资和采取相应的政策，来解决教育经费不足及大学招生问题。

◎**文苑拾萃**

脑溢血

脑溢血，又称脑出血，它起病急骤、病情凶险、死亡率非常高，是急性脑血管病中最严重的一种，为目前中老年人致死性疾病之一。

中老年人是脑出血发生的主要人群，以40—70岁为最主要的发病年龄，脑出血的原因主要与脑血管的病变、硬化有关。血管的病变与高血脂、糖尿病、高血压、血管的老化、吸烟等密切相关。通常所说的脑溢血是指自发性原发性脑出血。患者注注由于情绪激动、费劲用力时突然发病，表现为失语、偏瘫，重者意识不清，半数以上患者伴有头痛、呕吐。

脑溢血发病主要原因是长期高血压、动脉硬化。绝大多数患者发病时血压明显升高，导致血管破裂，引起脑出血。脑溢血，是指非外伤性脑实质内的出血。绝大多数是高血压病伴发的脑小动脉病变在血压骤升时破裂所致，称为高血压性脑出血。

牵起这双小手

◎人活着不是为了"捞一把进去"，而是为了"掏一把出来"。——巴金

对小女孩汪奇超来说，1995年的冬天，是一个特别寒冷的季节。当时，她的妈妈重病住院，脸色就像涂了蜡的玻璃。在记忆中，妈妈从来都是病病歪歪的。妈妈生她时就患有肾病，医生告诫说生小孩有危险，但妈妈坚决地对医生说，"我和她爸爸太想要个小生命了，我要把这孩子生下来。"后来，小超一点点长大了，妈妈的身体则一天天变得更坏，小便排不出，东西吃不下。在水厂泵站工作的张潍玲是小超的舅妈，这时怀着8个月的身孕，挺着大肚子来医院看小超的妈妈。躺在病床上的小超妈妈预感到自己来日无多，泣不成声地对张潍玲说："我最放心不下的是孩子，她才7岁呀……"

没多久小超的妈妈就去世了。小超的爸爸原本身体也不好，甲状腺开过刀，加上悲伤过度，人便迅速垮了下来，3个月后也去世了。

转眼间小超成了一个孤儿。在短短的几个月中，她先后失去了两位最亲的亲人。年仅几岁的她，猛一下子跌入了人生的冰谷。

舅妈张潍玲那时刚生了儿子小捷才两个月，她非常记挂小超。那天，丈夫去和姐夫那边的亲戚们商量小超的事情，回来后显得很疲惫。张潍玲急切地问："伯伯们怎么说，谁来领养孩子？"丈夫迟疑着，思虑再三后对妻子说："谁家都有些困难……要不，把小超接到我们家来？"

"我们家——"

张潍玲的心沉甸甸的。这个家不仅有一个才两个月的小宝宝，还有一对

患病的老人；沉重的家务活，繁忙的三班制工作，这一切已经使张潍玲忙得团团转了……但是，现在小超的父母相继去世，她小小年纪不能没有家啊。张潍玲心头一热，抬眼看着颇感为难的丈夫，轻声地但又十分坚决地说："我们来养孩子吧，小超不会成为孤儿的。"

张潍玲牵着小超的手走进了家门。小超的眼睛是明亮的，这里面没有乌云，她喜欢舅舅、舅妈，喜欢小弟弟，喜欢外公、外婆，这里就是她温暖的家呀。

这是个由6个人组成的大家庭，作为主妇的她要喂褓褓中的婴儿，要做饭洗衣，要照顾老人，还要管好小超的起居和学习等。张潍玲陀螺似的忙开了。婆婆见媳妇如此善待自己的外孙女，亲自把她接来家领养，像对待自己的亲生孩子一样爱护她，心中非常高兴。老两口儿也心疼媳妇。想帮着照看孩子，但毕竟年岁不饶人，他们也是三天两头躺倒在病床上。

最令张潍玲苦不堪言的时光，是公公因肺癌开刀，婆婆又胃部大出血，双双住进莘庄医院的那段日子。那时正值1997年的春节，别人家欢天喜地过春节，张潍玲却家里医院两头跑，和丈夫两人"接力赛"。她天不亮就起床，先给公公婆婆做好吃的送去，在医院把两位老人服侍好，然后匆匆回家一边洗衣服，一边起灶烧饭。身边婴儿啼哭不止，她一只手抱起儿子，另一只手忙着捡篮子里的菜。这时小超从学校回家了，放下书包说："舅妈，我的肚子饿了。"张潍玲鼻子一酸，眼睛里泪水在打转，嘴里却只能说："马上就吃饭，马上……"她放下儿子，先让小超哄着弟弟，自己赶紧把菜端到灶上，又把双手浸入盆中搓洗衣服……小超的成绩在班级里属于一般，于是，在灯下，张潍玲每天要帮助孩子复习功课到很晚。

小超上初中了，花季少女有了自己的心思。以前买衣服都是张潍玲带她去，现在她喜欢独自去挑衣服。有一次，她买回来一条有花纹图案的裤子，张潍玲一看生气了，说："这种裤子奇奇怪怪的，不许穿到学校里去。"

有一段时间，小超迷上了电脑上网。张潍玲怕孩子上网后与社会上不明底细的人结交，也怕孩子在学习上分心，所以对她管得严了，不许她上网聊天。小超心里很不快活。有一天。班主任老师打电话找张潍玲，说孩子一整天都没有到校上课。张潍玲顿时傻眼了。她四处寻找小超，找了一条街又一条街，找了附近的一家又一家网吧，就是没见小超的身影。她急得浑身是汗。眼冒金星。这时，老师通过同学提供的线索，在学校附近的一家网吧找到了小超，带她回到了学校，并打电话通知张潍玲到学校去领孩子。在学校办公室里，班主任老师问起小超家里的情况，小超因一时负气说："舅妈对我不好，以前爸爸妈妈活着时也没这么严……"正巧张潍玲满身是汗急匆匆来到门前，一听此话，犹如万箭穿心，眼泪"刷"地流下来了。对孩子的千般好万般爱，却换来这样一句话——谁的心里能受得了呢？如果是自己亲生的孩子，这时打也可以骂也可以，但是，正因为小超不是亲生的，她必须耐心再耐心地说服、教育，把满腔的委屈和气恼吞咽到肚子里……张潍玲悄悄地抹去了泪水。

小超低下头去，不吭声了。她默默地跟在舅妈的身后回家。这是一个多么温馨美满的家呀，小超的眼前闪过往昔的一幕又一幕。过了一天，后悔莫及的她向舅妈道歉说："是我不对。"

张潍玲的家是一个普通工人之家，经济收入微薄。但她的心中有一条定律：再紧也不能紧孩子的生活和学习。

小超读初三了，这可是关键时刻。随着孩子们渐渐长大。家庭开支也越来越紧。张潍玲作为一个容貌俏丽的年轻女性。已经好久没给自己买衣服了，她穿的几乎都是从娘家带来的衣服。省下钱来，她决定要帮助小超"冲刺"中考，请一位家教老师。这天，她与农学院的老师联系上了，当对方得知小超的身世后，主动地将上课费减低，还将50元介绍费免了。渐渐的，看到孩子在学习上有了进步，张潍玲的心中踏实了不少。

小超的伯伯们和婶婶们每逢过年都要上门来探望孩子，老老少少坐在一起吃顿饭。看着两个健康活泼的孩子，感受着这一家子的和睦与欢快，伯伯们不禁充满感激地对张潍玲说："你要养大两个孩子，又要照顾好两位老人，真是辛苦！"

社会各界对孤儿的关心一直继续着，上海市慈善基金会、红十字会、镇政府、学校……有一次，小超悄悄地对舅妈说："我以后有了工作，第一个月的工资就全拿来给你。"而张潍玲却对小超说："你要记住回报的是社会对你的爱，还有那么多非亲非故的人曾给予你的帮助。"

几年寒暑流水过，今有硕果闹枝头。

当初的7岁小女孩如今已长成一位花季少女。当17岁的她牵起张潍玲的手，走进学校的教室——在新学年的家长会上，这位少女把仅比自己大17岁的"妈妈"介绍给老师和同学们时，老师和同学们都惊奇地问："你妈妈怎么这样年轻呀？"汪奇超的眼里闪烁着泪花，喜孜孜地说："因为她有一颗善良的心啊！"

◎故事感悟

张潍玲勇敢地挑起了抚养两个孩子的重担，她没有被生活的艰辛所压倒，反而把小超照顾得无微不至。张潍玲崇高的"母爱"带给了孩子幸福，也给自己带来了快乐。她是一位伟大的母亲！

◎史海撷英

我国公益事业基金会立法的历史演变

1988年，国务院颁布的《基金会管理办法》是我国第一部关于基金会的立法。该办法第二条规定：本办法所称基金会是指对国内外社会团体和其他组织以及个人自愿捐赠资金进行管理的民间非营利组织，是社会法人团体。该管理办法第一次通过立法的形式明确了基金会的法律性质和法律地位。1989年，国务院常务会议通过的《社会团体登记管理条例》再次确认了基金会作为社会团体的法律性质和法律地位。1999年以前，我国对基金会的登记管理主要依据上述两项法规，实行业务主管单位、人民银行和民政部门三方负责的管理体制，即业务主管单位同意，人民银行审查批准和民政部门登记注册。实际上是把基金会视为金融机构或准金融机构。

　　十多年来，《基金会管理办法》对于规范基金会的行为，促进基金会的健康发展起到了重要的保障作用。但是，这个办法对基金会的组织形式、内部决策程序、财务会计制度、资产使用管理、社会监管机制等许多环节未作规定，其他一些规定内容也都打上了当时经济体制的烙印，不完全符合基金会作为独立法人应当具有的法律地位。随着改革开放的深入和市场经济体制的逐步完善，《基金会管理办法》已经不适应基金会发展和管理工作的实际需要。与此同时，基金会的管理体制也发生了变化。1999年开始，中国人民银行不再参与对基金会的管理，基金会的登记管理统一归口民政部门。《基金会管理办法》中确定的基金会的管理体制不再予以适用，民政部门不能依据《基金会管理办法》继续登记注册基金会。基于以上原因，从2000年开始，民政部开始对《基金会管理办法》进行全面修订，多次召开座谈会和专题研讨会，经过反复论证，借鉴和吸取其他国家有关基金会管理方面的有益经验，几易其稿。经过一系列的充分准备，《基金会管理条例》终于在2004年6月正式颁布实施。

◎文苑拾萃

公益组织

　　在公益组织方面，当前健康发展的中心问题是信誉问题，也就是建立可问责制。综观美国基金会的历史，可问责的问题始终是政府和公众关心的焦点，反映在国会每隔一个时期就要举办的大大小小的听证会和调查活动。基金会和政府经过长期的对话、磨合，才制定比较合理而成熟的法律，既保证基金会的透明度和可问责，又不妨碍其顺利工作。另外，民间出现许多自发的监督组织，基金会本身也成立诸如"基金会理事会"这样的组织，既维护本身的权益，也起到了自律作用，这样，内外都有监督机制。这一问题对中国的公益组织和捐赠活动特别重要。《新条例》针对各类弊病制定了相应的条款，对基金会的管理制度、人员资格、透明度等作出了明确的要求，如果都能得到执行，将有较大改善。但是在中国，执法问题比立法更重要，基金会并不是孤立于整个社会的。为保证各项法规得到贯彻，还需要健全而可行的监督机制。2004 年 8 月颁布了"民间非营利组织会计制度"，于 2005 年 1 月开始执行。新的会计制度吸收了欧美的经验，并根据中国国情加以改进。这是一项重要的发展，大大有利于非营利组织改进管理、加强可问责度和财务的透明度，并有助于政府和公众的监督。

幸福的弃儿

◎人类的生活，是互助的生活，不单是要求和争夺。——茅盾

　　1974年的夏天，一个出生不久的婴儿漂浮在黄浦江上。这触目惊心的一幕不久就被人发现，有好心人救起了这个不幸的孩子。襁褓中的小男婴粉粉嫩嫩惹人爱怜，这么可爱的婴儿出生才几天就遭亲生父母抛弃到底是为了什么呢？一解开襁褓就真相大白了，原来是个先天性残疾儿童，他的两只小脚丫与正常人不同，是朝后生长的。抚养这样的残疾孩子要花费的金钱和精力是无法估量的，而他长大后能否独立生存也不得而知，可能就因为这些原因，孩子的父母狠心将他抛入江中。

　　小婴儿似乎明白自己的悲惨命运，反而萌生了极强的生命力，在黄浦江中漂浮了许久之后，被人救起时居然安然无恙。当地的儿童福利院收留了他。

　　因为他是浮在水面上被人发现的，所以"浮"这个字就成了他的姓，福利院的老师希望他能自强不息，就给他取名为强。

　　一晃24年过去了，浮强已长成一个大小伙子。福利院的环境虽然安全却相对闭塞，长大了的他甚至没有一个最为普通的家庭关系概念，他从来弄不明白爸爸、妈妈、叔叔、舅舅指的是一种什么关系，而且对外面的世界也有一种莫名的恐惧感。

　　1998年的一天，浮强正在专心修理一辆自行车，碰巧市民政局来人到福利院考察工作，那人站在一边观察他，目睹了浮强修车的技术，觉得浮强是个聪慧的小伙子，便提出让浮强走出福利院走进社会。于是，一个星期后浮强怀着惊恐不安的心情离开了生活二十多年的福利院。

民政局为他找到了一户寄养家庭，浮强开始了他的新生活。

这个家的男主人叫陈纪明，是一个老三届的知青。陈纪明当年白手起家，从做垃圾筒的生意开始，到如今已拥有相当规模的厂房和雄厚的资金。公司的产品也从环保垃圾筒扩展到了垃圾车、生态免水冲流动厕所等。不懈努力的他把自己的成功更多地归功于社会，于是他成了慈善工作的积极支持者。因此，当民政局同志和他商量要他终生认养浮强时，他和家人没有任何犹豫就答应了一个常人难以接受的要求。

陈纪明把浮强安排在自己的工厂里，让他学焊接、学做垃圾筒。浮强很聪明，早在福利院的时候，他就靠着自己不断的摸索，把修理自行车、修理收音机、电视机的技术都学会了。因此他学起焊接来一点也不费力，后来又学会了装配和烧氩焊等技术。

浮强还特别喜欢动脑子，通常一遇到问题，他闷头想一个晚上第二天就能拿出行之有效的解决方案，连厂里几个有多年工作经验的老师傅也都不得不竖起拇指夸奖他。甚至连"爸爸"陈纪明都弄不明白的万能表，浮强也能摆弄，这些在给了陈纪明惊喜的同时也增加了他的信心。说起浮强，陈纪明自豪的心情无法掩藏，他夸浮强在家里装的录音棚效果达到专业的水准，还说浮强现在不仅是员工，还是班组长，监督产品的质量。浮强还被评为厂生产积极分子、"五四"标兵，是大家公认的学习榜样。而最令陈纪明欣慰的是，浮强懂事明理，他始终怀着一颗报恩之心，希望通过自己努力工作，为公司多出一份力。

浮强的"妈妈"叫金静曙。对于浮强来说，遇见金静曙是幸运的，因为她是一个有着菩萨心肠的好"妈妈"。

浮强刚进入这个家的时候，金静曙一眼看出了这个孤儿的孤寂之心，怜爱之心顿时升起，使她心甘情愿地像照顾自己亲生孩子一样来照顾浮强、呵护浮强。

浮强进新家才一个月就病了。那一场突如其来的阑尾炎，大大拉近了浮强与金静曙的距离。那天在医院门口，由于没有带足够的钱而无法住院治疗，浮强站在风中忍受着剧痛，金妈妈焦急得泪流满面。手术后，金静曙像亲妈妈一样，每天陪伴在浮强的病床前，病房里别的病人及家属都十分羡慕浮强有个好妈妈。

浮强虽然很聪明，但在人际关系的问题上却"笨"得很。二十多岁的人了，金妈妈叫人家什么他也跟着叫人家什么，把舅舅叫成弟弟，把外婆叫成妈妈的笑话闹出了不少。为此，金妈妈不断给浮强进行强化补习，让他弄清什么叫作外婆，什么叫作姨夫。最后，浮强终于弄明白了日常的人际关系，不再闹笑话了。

浮强在"妈妈"的关心下越来越会表达自己的感情了，从前"妈妈"生病的时候，他不懂得如何表达担心和关怀，只是张大了两只纯真的眼睛傻傻地看着"妈妈"，呆呆地找不到任何语言来表达自己的感情。后来在"妈妈"的感染和指导下，浮强开始学会怎样表达自己心中的真情实感了。前些日子"妈妈"生病，家务活和工作又让她忙得记不得准时吃药，浮强看到"妈妈"这样繁忙，就学着"妈妈"照顾自己的样子把药按照每天次数和每顿的分量分配好，让"妈妈"能方便地按时吃药。为了照顾"妈妈"，他还藏起了床单、被套，自己悄悄地洗干净。

陈纪明夫妇对浮强体现出一种超乎血缘的亲情，使从来没有亲人疼爱的浮强第一次强烈地感觉到家的温暖。感情是要靠时间来慢慢培养的，一开始浮强叫陈纪明夫妇为老板、老板娘，经过了一件又一件感人的事，他对陈纪明夫妇产生了难以磨灭的亲情，终于有一天他开口叫"爸爸"、"妈妈"了。这一叫，就再也没有改口。

陈纪明有个女儿叫陈翡莹，是一个活泼开朗的女孩子。爸爸妈妈都叫她翡翡，自从浮强进了陈纪明家门，便又多了一个人叫她翡翡。

翡翡一直希望自己有个像电视剧里一样照顾妹妹的哥哥，浮强的出现让她如愿以偿。浮强刚来的时候很腼腆，不愿多说话，她就经常主动地逗他说话，主动地邀他出去玩，很快地两人就熟悉了起来。生性活泼开朗的翡翡从来不把浮强当成外人，她非常乐于和浮强一起分享爸爸、妈妈的爱。如果有人问她"哥哥"来家里多久了，她还会觉得很奇怪，因为在她心目中，哥哥似乎是在她出生前就已经在家里等着她了。

3月28日对于浮强来说是个很特殊的日子，那是他第一次迈进陈纪明家的日子，于是他把这一天定为自己的生日。在福利院长大的浮强没有生日的概念。直到他到了陈纪明的家后，"妈妈"专程赶到福利院，找了浮强的资料，估算了可能是他生日的日子给他过了生日，他才了解了"生日"的意义，但是浮强更希望能用3月28日这个对他的一生来说至关重要的日子作为他的生日。

"爸爸"、"妈妈"最关心的还是浮强的婚姻问题。"爸爸"陈纪明甚至愿意给浮强未来的妻子安排工作，他已经为浮强考虑好了，他们给浮强的家毕竟只是暂时的，浮强将来的家还需要他自己去开创。他和金静曙并不求浮强报答，因为他们始终坚信一句话"好人必有好报，好人一生平安"。

◎故事感悟

陈纪明夫妇的无私帮助让浮强感受到了家庭的温暖，让他有了属于自己的家。陈纪明夫妇无私奉献的爱心让我们感受到了社会的真情和温暖，更加清楚地认识到这个社会是一个温馨的、和谐的和催人向上的社会。

◎文苑拾萃

黄浦江

黄浦江（常误写为"黄埔江"），始于上海市青浦区朱家角镇淀峰的淀山湖。黄浦江全长约113千米，河宽300—700米，终年不冻（除清朝时期有过冰冻记录），是中国上海重要的水道。在吴淞口注入长江，是长江入海之前的最后一条支流。它流经上海市区，将上海分割成了浦西和浦东。

黄浦江旧称黄浦，别称（黄）歇浦、春申江，因旧时讹传为战国楚春申君黄歇疏浚而得名。发源于太湖，东流经青浦区淀山湖，出湖后到闵行区邹家寺嘴折向北流，是历史上太湖水排泄入海的"三江"水道之一，古称"东江"、"横潦泾"。

黄浦江是一条多功能的河流，兼有饮用水源、航运、排洪排涝、纳污、渔业生产、旅游等多种利用价值。自来水取水口上移至上游以后，黄浦江上、下游的功能就各有所侧重。为了保护水质不受污染，上海市已将闵行西界以上的江段及淀山湖等划为水源保护区，把龙华港至闵行西界江段划为准水源保护区。

　　黄浦江在穿越市区的 60 千米江段，水面宽阔，深度较大，是上海港客货码头所在地。上海港为我国吞吐量最大的进出口港。沿黄浦江两岸，先后建起的大小码头有 100 多个，其中万吨级深水泊位约有五六十个。码头岸线长度已超过 10 千米多。黄浦江是一个河港，但又兼有海港性质。江上航道总长约 60 千米，平均宽 260 米，吃水深度在 8 米以上。为了开通黄浦江对市区东西交通的阻隔，已建成多条江底汽车隧道和大桥。

　　黄浦江是上海旅游的一个重要的传统旅游节目，不仅在于黄浦江是上海的母亲河，代表着上海的象征和缩影，还在于浦江两岸荟萃了上海城市景观的精华。从这里可以看到上海的过去、现在，更可以展望上海的灿烂明天。

六十个儿女一个爸

◎怜比爱少些味道，可更多些人情。——老舍

　　当年45岁的国家公务员孙金耀，为了实现母亲的临终遗愿，在奉贤平安镇上购置了近两亩土地，大兴土木造房子，这不是建设孙家的孙家宅院，而是建造一座可以让孤老和孤儿们过日子的"福利院"，按照老人以及孩子"过日子"为标准的福利院的建设，从购置土地到造房子配设备置家具聘员工，他前后的投资达到了700万元。2000年当一座花园式福利院正式建成以后，孙金耀做的两件事情是：第一件事情是毅然辞了国家公务员的职务；第二件事情是去上海市儿童福利院领回了30个孤残儿童，做起了他们的爸爸。没过多久，他就觉得30个儿女似乎还少了一点，更何况，上海还有那么多的孩子在过着没有爸爸的痛苦生活……于是，孙金耀又在2002年7月18日，与上海市儿童福利院签约领回了另外30个儿女，从此，60个孤儿们便有了一位可亲可敬的慈父。

　　从来到人世间的第一天起，这些孩子就与别的孩子不一样，他们没有妈妈也没有爸爸。同时也没有属于自己的家。孙金耀为了让这些孤儿有一个爸爸以及有一个属于自己的家，他花了700万元建设了一座童话般的美丽宫殿。这座在奉贤平安镇上的上海广慈福利院，掩映在浓浓绿荫中，淡黄色与咖啡色相间的外墙立面很洋气，尖尖的屋顶有点像洋房。花园里，金桂、银桂、金橘、桃树、李树等十几种果树，栽种在雪松、广玉兰、棕榈树等大树间；梅花、盘槐等树种随时可见，在草坪和灌木丛中，还套种着蚕豆、番茄、长缸豆、黄瓜、青菜等，孙金耀说那是为了让孩子们能吃到自己种植的无农药

的绿色蔬菜；他还种了许多甜芦粟，买来了大型的榨汁机，来改善他们的饮食质量。

　　这是一幢一千多平方米的三层楼和一幢二百多平方米的平房，有各种适应孤残儿童居住的功能应有俱有，有卧室、教室、活动室、阳光室、健身房、儿童康复室、娱乐厅，有现代化的厨房还有农家味道的灶间。更有医务室、洗衣房、储藏室和仓库等。反正，只要是孩子们过日子的需要，他都一一为他们配好了，就说厨房吧，现代的厨房设备样样具备，并有熟食间等，完全是按照星级饭店的标准配备的。孙金耀向记者介绍道，灶间有三大用处，一为焚烧垃圾，二为节约能源，三为儿女们烧点菜饭等。

　　孙金耀说家就得像个家，为了像个家，他放着黄浦区一幢石库门房子不去住，而是把自己的卧室也搭在了孩子们中间，与太太一起在这里与儿女们同起居。

　　由于这些孩子都有着不同程度的残疾，命运曾带给他们很大的痛苦，使年纪小小的他们，生活中有着许多别的孩子所难以想象的艰辛与苦难。当了他们的爸爸，孙金耀一心想让他们过上美好的生活，为此，他自己吃了不少的苦。60个孩子个个都是比较严重的残疾儿，除了一个孩子的病较轻以外，其他的孩子都是重病重残。记得第一次30个孩子来的那一天，孙金耀就准备了100条尿布，心想足够使用了，谁知道来的孩子不论多大都使用尿布，不到两个小时，100条尿布全部湿了，他打开衣柜把床单被套全撕了做尿布还是不够。这时一颗慈父的心痛极了：最大的孩子已经16岁，就是弱智也得让他们摆脱尿布之苦啊！于是，他发动阿姨们进行了一项脱掉尿布的重大工程，对孩子们进行观察训练，摸准了他们的排便规律，辅导他们自行排便。经过几个月的苦苦训练，如今，大部分的孩子终于不用尿布也不用坐尿桶了。

　　由于弱智、肢残的原因，这些孩子从生下来就是两种方式吃饭：要么有人喂，要么就是用手抓，什么筷子、勺子一概不会使用。孙金耀再次实施又一个重大工程，让儿女们自己学会用筷子和勺子吃饭，他想方设法在菜肴等方面吸引孩子们的食欲，借此来引导他们学会使用筷子和勺子。一餐不行两餐，一天不行两天……坚持数月，儿女们还真学会了使用筷子和勺子吃饭了。

孩子们与生俱来的病残之躯，聋的、哑的、盲的，更有癫痫症、严重的精神分裂症、严重的疝气症、上颚缺损症、肌肉萎缩等疾病。为了这些孩子的健康，他专门安排好了治疗的计划，在短短的三年多时间里，已经使两个哑巴开了口，为一位严重的疝气患儿治好了病，为一个上颚缺损者补了颚。有一个孩子双腿剪刀叉，他看着这个孩子大小便及起居的痛苦，在医生都认为没有办法进行治疗的情况下，他仍然不放弃，每天对他进行几个小时的物理治疗，发誓要把他的双肢分开，让他像正常人一样站起来……有几个孩子患有严重的精神分裂症，整天一个劲儿地头撞墙。他想尽办法把他们的头保护起来，不让他们自残……哪个孩子有恙，他会不顾一切送医院，不惜任何代价保证他们的健康。

为了让这些孩子接受教育，孙金耀煞费苦心，他将60个儿女按照智力、年龄、残疾程度等分门别类进行教育，从教儿歌到认植物，从教唱歌到数数，一切从头开始。为这些残疾儿童上课，可谓难于上青天，但他想尽办法施教，如教数学的时候，买了许多孩子们想吃的东西，用这些东西教他们10以内的加减法，谁做对了就可以把它吃了。这一套还真灵，有许多孩子已经会10以上的加减法了，那个时候孙金耀正是比自己的女儿考出了钢琴八级证书还要高兴啊。

孙金耀常说，这些教育的最终目的还是要让他们为将来掌握力所能及的技能打下基础，目前已经有三个孩子在15岁以上了，将来我老了他们怎么办？于是，他又为年龄稍大的学生上劳动技能课，并四处奔波，联系一些生产厂家，将简单的手工机械的活计给出一部分让他们做，这样可以让这些孩子增强一些自信，可以让他们有规律地平静地生活，还能让他们赚点零花钱，这不无好处。

时间长了，孙金耀想，这些孩子尽管有了他这么一个爸爸，但是还应该为他们找爷爷奶奶、外公外婆才对。于是，孙金耀又忙开了，为了让他的儿女们得到更多的长辈之爱，他还计划收养一批社会孤老，并且已经在硬件上做好了全面的准备，届时，儿女们不仅有爸爸妈妈还有爷爷奶奶外公外婆，这是最好的一种教育形态，让他们的身心找到新的慰藉。

　　为了60个儿女，他不仅辞掉了公务员的职务，他的妻子还停掉了长期经营的珠宝生意，夫妻两人双双白了头发。常常有人说他们夫妇俩太傻了，但是他和他的妻子却是骄傲而又幸福的，每次外出回来，或者是大型的活动，60个孩子会齐声叫他爸爸，那个时候他俩心里的那份甜啊就别说了。有个三岁的男孩子，至今不会开口说别的话，却会叫他们夫妇俩"爸爸妈妈"，这个孩子还死活不肯与别人睡，一定要跟爸爸妈妈睡。一次孩子跟他到市区办事，在自己的家门口，一转身的工夫把孩子丢了。他找啊、叫啊，三个小时后，在豫园门口下棋的人堆里，孩子听到了他的声音，高喊着爸爸扑向他的怀里，从此，他与这个孩子寸步不离……

　　做60个孩子的爸爸是非常不容易的。为了照顾60个孩子的生活起居，光员工就有二十多个，每个月的开销近五万元。为此社会各界向他伸出了援助之手。上海市慈善基金会专门送给他一辆面包车；上海市慈善基金会还为他落实了每个孩子的生活补贴费；上海市儿童福利院也给予了一定的补贴。上海民政部门也将他的福利院定为沪上第一家由个人建设的规范福利院。他的国外亲戚也常常寄钱给他，让他为儿女们买点吃的和穿的，就连他的女儿也对他表示，家里的财产她不想多要，让他尽管把钱贴补给其他的儿女们。

◎故事感悟

　　孙金耀是骄傲而又幸福的，他把心放到了60个儿女的身上，有家庭以及社会各界的支持，他会义无反顾、一如既往，将父亲的责任进行到底，让他的儿女们过得好上加好，让他们过上属于他们自己的幸福生活。

◎史海撷英

公务员来源

　　公务员是伴随着国家的产生而产生的，只要国家机器一建立，公务员制度必定随之建立。值得一提的是，中国早在605年（隋大业元年）建立了世界上最早、最完善的"公务员考试制度"即"科举制"。并被后来的欧美各国争相效仿、改进。但"公务员"一词却是从日本引进的，日本古代称此为"文官"，第二次世界大战后才改名为"国家公务员"。

在国外，公务员的概念有大有小，范围不尽一致，大致说来有三种类型：

第一种是小范围的，公务员仅指中央政府中非选举产生和非政治任命的事务官，不包括由选举或政治任命产生的内阁成员及各部政务次官、政治秘书等政务官。这种范围同国家公务员法规的适用范围相一致，英国及许多英联邦国家基本属于此类。在英国，公务员是指那些不与内阁共进退，经过公开考试择优录用，没有过失可以长期任职的文职人员。

第二种是中等范围的，中央人民政府的所有公职人员，包括政务官与事务官都称为公务员，但适用于国家公务员法规的只是事务官。美国基本属于此类。美国把公务员称为"政府雇员"，"政府雇员"是范围很广的一种称谓，它包括了除军事人员以外的所有政府雇员。

第三种是大范围的，把从中央到地方政府机关的公职人员、除国会议员以外的工作人员、审判官、检察官、国有企业和事业单位的工作人员统称为公务员，并有"国家公务员"和"地方公务员"之别，有"特别职"与"一般职"之分。"一般职"公务员是指政府系统中非选举产生和非政府任命的工作人员，是国家政府系统中的事务官，即非选举产生和非政治任命的政府工作人员，适用于国家公务员法规的，只是"一般职"的国家公务员。日本、法国基本都属于此类。法国公务员是指在中央机关及其所属机关、地方行政机关、公共企事业单位被任命为常任官员的工作人员。

从以上三种，不难看出，我国基本属于第二种概念的划分。

◎文苑拾萃

上海市慈善助学

"手拉手"结对助学这是上海市慈善基金会开展助学活动的又一重要形式。凡愿意资助困难学生的单位或市民，均可到市慈善基金会助学部提出申请，由助学部提供求助学生的资料，供资助方选择结对助学，资助的学生人数不限。结对助学的费用，凡资助一名大学生或高中生，每年需2500元，资助一名初中生，每年1500元，资助一名小学生每年1000元。上海市慈善基金会还与《解放日报》合作，常年开展"手拉手"结对助学活动，每年两次组织资助方与受助学生见面，以增进双方的感情和了解。历年来，结对助学共使用资金1800余万元，已使1.2万余名困难学生得到了资助。

2005年，曾担任中共上海市委第一书记的陈国栋及夫人沈一尘同志的亲属，捧着两位老人拳拳之心的20万元人民币来到上海市慈善基金会，转达国栋夫妇的生前遗愿，把他们的积蓄献给社会，用于帮助贫困学生完成学业。同时，两位老人的儿孙们也捐出了30万元。上海市慈善基金会将此50万元作为启动基金，专项设立了"国栋慈善助学基金"，同时向全市广大共产党员、领导干部和社会各界人士发出倡议，积极为"国栋慈善助学基金"募集资金，帮助家庭困难、品学兼优的学生完成学业，成为国家栋梁之才。这一倡议得到了社会各界的广泛响应，短短几个月中，使"国栋慈善助学基金"增至500余万元。该基金资助对象为本市低保家庭、低收入家庭中的高中生、大学生以及其他特殊需要的孩子们，二批已出资20余万元，资助了100余名困难学生。凡需申请"国栋慈善助学基金"的困难学生，可按"一口上下"的原则申请报批。

盲童的"专职司机"

◎什么是慈善？慈善是有同情心的人们之间的互助行为。——崔乃夫

盲童荣斐家住上海梧州路。她的母亲朱玉英是巴士公司售票员，父亲荣正南是三班倒的保安员。小荣斐8岁前曾有一双明亮的眼睛，人见人爱，可刚要上学读书时，生了场大病，住进了医院，最后被确诊为患有"马凡氏综合征"，眼睛也一点点失去了光亮。为了女儿，夫妇俩没日没夜地加班加点，争取多赚一点钱为女儿看病，可是走遍了上海大小医院终无彻底治愈的可能。不仅如此，小小年纪的她还伴有其他疾病。稍不注意，就得住院治疗。

可是，小荣斐很要强，看到别的孩子上学了，她也缠着父母要去读书。为了孩子，夫妇俩只好联系了上海盲童学校，苦口婆心地说服了校长，办理了住宿就读手续。

从这以后，每逢星期一上学，星期五放学，接送孩子成了朱玉英夫妇俩的头等大事，他们频频调班、换班，转乘多辆公交车去虹桥盲童学校，几年如一日。有时荣斐突然病了，急诊住院。学校一个电话打来，他们不得不请假再赶去医院。

荣斐上学的学校离家很远，每天都要换乘两次车，才能到学校。一天，又到了回学校的日子。荣斐妈妈拿着行李和很多生活用品送他回学校。这时天下起了雨，荣斐随手一个"扬招"，一辆大众出租车停在了母女俩面前，司机打开了车门开启了行李厢，帮她们放置好了行李，荣斐便在母亲的搀扶下，摸索着上了车。

这位司机是大众出租十二分公司的星级驾驶员，叫姜美钟。当他看到乘客是位背着书包的盲人小姑娘时，便猜到肯定是母亲送女儿去上学。一路上姜美钟格外小心地驾驶，不时和荣斐说着话，而小荣斐更是像个百灵鸟，说个不停。她还拿出自己的零食塞给驾驶员，一声声"叔叔，叔叔"地叫着，甚是讨人喜欢。外滩很快到了，母女俩准备换乘公交车去学校，姜美钟看了看窗外依然如注的大雨，说："不用换车了，我就直接送你们去学校，放心好了，免收车费。"

"那怎么行！下雨天生意好，我们还是坐公交车吧！"

"没事的，我正好要去虹桥，顺便带带你们！"

母女俩拗不过司机的热情，只好听从了他的好意。途中姜美钟又不时和母女俩聊天，朱玉英也道出了孩子的病情和生活的艰难。快到目的地时，姜美钟说："这样吧！如果你们相信我的话，每个星期的接送就由我们包了，我们不收一分钱，为了孩子，给她多点欢乐。"说完姜美钟掏出了自己的名片，还留下了朱玉英的联系方式。车到学校，姜美钟特地冒雨下车赶去认识了荣斐的生活老师和班主任。和母女俩约定星期五再见之后，姜美钟才加入了高峰营运之中。

转眼到了星期五，姜美钟事先打了电话给朱玉英夫妇表示自己会准时去盲童学校接荣斐回来的，夫妇俩不好意思，婉言谢绝。可姜美钟执意地表示："没关系，是顺便，再说帮助你们，也是我们大众人应该做的。"下午2点30分，姜美钟准时到了盲童学校，高高兴兴地把小荣斐送回了家。

当姜美钟把送盲人的情况与搭班陈昌明说明，请求他协助时，陈昌明一口答应。陈昌明说："这是积德的事，我们都有自己的儿女。小孩子这么小就成盲人了，而且还患这么多的病，我们应该帮帮她。"他还说："老姜，帮忙要帮到底，既然我答应了，今后不管有多大困难，我都会去做。"

从这以后，朱玉英夫妇俩不用再为接送孩子的事而烦恼了。时间一到，爱心接送专车都会准时停在学校或者家门口，盲童学校的老师包括门卫在得知大众司机是免费定期接送小荣斐时，无不称赞大众司机是好样的。

为了接送，两位司机不知放弃了多少长差、美差业务。一年多的时间里，也已不下数十次突然接到学校的电话，说是荣斐病了，要去医院或者回家，只要一接到电话，再远，他们想方设法匆匆赶回来，出租车成了"救护车"。

2004年春节，细心的陈昌明打听到了荣斐的衣服尺寸和鞋码，拉了妻子一起逛商场为荣斐买来了全新的服装。姜美钟还把公司发给他们的奖金全给了荣斐作"压岁钱"。年初三、初四，两位驾驶员还分别邀请荣斐的全家上门作客。他们给了小荣斐亲人般的关怀与温暖。

一年多来，两个"专职"司机与荣斐一家人从陌生变为熟悉，又从熟悉变成了亲人。聪明的小荣斐已能从他们的脚步声中辨别出是哪一位叔叔来接她。

不仅如此，两位司机更是时刻关心着荣斐的健康与生活。休息日，他们经常会打电话与她聊天，鼓励她好好学习，战胜病痛。听说小荣斐要参加学校的笛子培训，他们又抽出时间去乐器商店买来了笛子。

放暑假，两位驾驶员相约，一起送小荣斐去无锡乡下的爷爷奶奶家，顺道带荣斐全家去无锡观光旅游。待开学时，再去无锡接她回上海。小荣斐高兴极了，在电话里对爷爷奶奶说："我们有小轿车，你们不用到火车站接我了，直接开到家。"

◎故事感悟

故事叙述完了，然而爱心接送随着新学期的开始还在延续着……姜美钟、陈昌明两位司机的爱心事迹将会感染更多的人，他们会同样奉献出更多的爱心！在中华民族传统美德的历史延续中，添上更重更浓的一笔。

◎史海撷英

"的士"历史

20世纪四五十年代，出租车并不是谁都可以随便乘坐的。当年，出租车专门负责接待外国元首、政府首脑与高级官员、参加交易会的外商、海外华侨、港澳同胞等等，被誉为广州市的"国宾车队"，需要外汇券才能乘坐。20世纪六七十年代，出租汽车的经营方式发展为定点候客，乘客到站找车，司机接单载客。而司机完成一趟接待任务后，必须空车赶回服务点等候下一次的出车指示，不得中途载客。20世纪70年代中后期，随着人民生活水平的逐步改善，市民对出租车的需求也日益增长。1978年春天，毗邻港澳的广州逐步打开对外开放的窗口，一些新的经营观念和服务方式开始冲击南粤大地。广州市汽车公司从香港市民"打的"中得到启发，毅然决定结束历年来"路上空驶的士不载人"的怪现象，在1978年4月春交会期间用中英文印制的近万张《告来宾信》送到了国内外乘客的手中："在没有汽车服务点的地方需要用车时，如遇空车可招手示意叫车。"这是国内出租汽车行业的第一次改革，打破了历年来传统的封闭型服务方式和经营老格局，随后"扬手即停"服务迅速在全国铺开。

◎文苑拾萃

上海慈善救助基金

"海纳百川"慈善助学基金

这是一项资助外地在沪就读有困难的大学生完成学业的助学项目，充分体现了"海纳百川"的上海城市精神。自1997年起，上海市慈善基金会就开始资助外地在沪就读有困难的大学生，累计资助金额924万元，受助学生达6460人次。2005年，为了更多地帮助外地在沪就读有困难的大学生完成学业，上海市慈善基金会又专门设立了"海纳百川"专项慈善助学基金。该基金每年资助外地在沪就读有困难的大学生每人每年2500元；资助外地在沪就读有困难的大学生回家路费每人每次500元。2006年对在沪就读有困难的新生，额外增加困难补助1000元。凡符合条件的在沪就读有困难的大学生，可到所在学校提出申请，经学校有关部门审核，报上海市慈善基金会审批后实施。

中华慈善教育基金

　　中华慈善教育基金是 1995 年上海烟草（集团）公司向上海市慈善基金会捐款 100 万元设立的。十多年来，该公司坚持慈善助学，让社会困难群体共享改革开放的成果，共享社会大家庭的温暖，累计向上海市慈善基金会捐款超过 1 亿元，是目前捐款最多的国有企业。中华慈善教育基金也是上海市慈善基金会建立最早、金额最大的一个基金。该基金以"中华"品牌命名，主要用于资助本市品学兼优、家境贫寒、有培养前途的大中学生完成学业。十多年来累计资助困难学生 2 万余人次，使有的面临辍学的孩子得以继续走进课堂，去追寻自己的理想；使有的生活学习上暂时遇到困难的学生顺利完成学业，走上了工作岗位，用自己的热情和爱心回报社会；有的学生考上了研究生或被送到国外继续深造。凡需申请中华慈善教育基金救助的学生，可按"一口上下"的原则报批。

一个残疾人的奇遇和奇迹

◎慈山有路仁为径，善海无涯爱作舟。——赵义谟

　　他是个畸形人——一个身残志坚，非常引人注目的重度残障者。五岁时患的那场既可怕又可诅咒的病，导致他双腿肌肉严重萎缩，腿上下一样粗细，终生不能再站立。从那时开始，他就不间断地练习走路。皇天不负苦心人，居然让他创造出一种奇特的走路办法。他采取蹲的姿势，用双手紧紧抓住两只脚板，一小步一小步，如侏儒般挪动着双腿。他的这种奇特的行走姿势，总能百分之百地吸引人们的眼球。也许他那憨厚诚实的面貌，自立自强气质、率真坦诚的处事，以及自始至终和颜悦色的谈吐，使他极具亲和力。于是，这个畸形人有了令人难以置信的奇遇，以及超越常人的奇迹。

　　他叫董站合，是一个来自辽宁省辽阳市的东北汉子。

　　1997年1月1日清晨8时许，在凛冽的寒风中，董站合乘船来到上海"闯世界"。在秦皇岛码头上，一位好心的轮船服务员将他背下了跳板。

　　他在上海举目无亲，只有一个有一面之交的朋友，叫黄海清。他在码头附近的公用电话亭里花了五毛钱给黄海清家里打电话，黄海清恰巧在家。这位几年前与董站合在提篮桥馄饨摊吃夜宵时相识的上海人，虽然与他只有一面之交，但听完电话后便立即到码头接回身上只剩下八毛钱的董站合。

　　黄海清经济条件并不富裕，但是，他却非常热情地接待了董站合这个穷朋友。他千方百计地帮助董站合在上海站住脚跟，还出700元钱为董站合在昆山路花鸟市场租了一间门面。由于董站合既无法凭力气打工挣钱，又没有什么挣钱的手艺，他便帮助董站合买来各种工具和电池，让他干起了修理电子

表、配换手表电池的营生。他还买了一辆手动轮椅车给董站合代步，董站合由此在上海有了立足之地，开始了他艰苦卓绝的奋斗生涯。

有人曾问过小董，如果找不着黄海清怎么办？他斩钉截铁地说："在辽宁便下决心了，如果我找不到他，便打算卖掉一个肾脏作资本。"他是个十分要强的汉子，他表示如果卖掉肾脏也不能成功，那就是自己的窝囊，宁可抛尸黄浦江也不再回去见江东父老！

修、配电子表是一个没什么技术含量的活儿，很快小董成了一名修表能手。他开始不满足起来，他尝试着提升一个台阶，进入一个新的领域。

正巧，这时有一家培训电器修理技工的学校招生，他立即报了名。从小董的店铺到培训学校，靠手动轮椅车行走单程就需要两个小时，而且中间还得爬坡过桥。在一次去培训班途中，一个在某电脑公司任信息部经理的杨杰先生竟然与他不期而遇，且一见如故成为挚友。在3个多月培训期间，这个比董站合大一岁的上海人经常候在桥头为董站合推车，还破费陪同董站合去苏州作了一次别开生面的一日游。

"世上无难事，只怕有心人"。现在的董站合，已真正成为自食其力者，他对于所有牌号的收录机、电视机、洗衣机、空调器，乃至最尖端的液晶电视机，只要有零件可配，他都能得心应手地手到病除，且质量好，收费合理。于是他名声鹊起，生意日隆，他的创业维修服务社天天门庭若市，他的业务范围也越来越广，不但提供家电维修，还经营旧家电回收业务。事业的兴旺，使他萌发了准备搞联营服务的想法。

几年前他在上海买了一套住房，娶了一个冲破世俗偏见，比他小十岁的年轻、善良的妻子，并有了一个聪明伶俐、活泼可爱的女儿。从一无所有到事业有成，董站合除了依靠自己努力拼搏，自强不息的精神外，还多亏了不少人无私的帮助。

现在，董站合也开始回报社会了，像他的朋友那样以爱心帮助他人了，除了经常参加街道组织的免费"为民服务"修理家用电器外，他还与社会公益性服务机构"育苗残障青少年寄养园"建立了助残共建关系，为育苗园免费修理电器设备。

◎故事感悟

　　"一个篱笆三个桩，一个好汉三个帮"，这就是重度残障者董站合的成功因素之一。只要社会上有更多的人伸出爱心之手，也将会有更多的残疾人士得到关怀和帮助，整个社会也会变得充满阳光！

◎史海撷英

残疾人运动会

　　从1984年开始，我国正式举办全国残疾人运动会，到2007年已举行了七届，每四年一次的综合性全国残疾人运动会已形成制度。除全国残疾人运动会以外，全国部分省、市、自治区的残疾人运动会每三年到四年举行一次；部分省、市、自治区定期举行特殊教育学校残疾学生运动会。

　　第一届全国残疾人运动会，1984年10月在安徽省合肥市举行。

　　第二届全国残疾人运动会，1987年8月23日—9月1日在河北省唐山市举行。

　　第三届全国残疾人运动会，1992年3月18日—23日在广东省广州市举行。

　　第四届全国残疾人运动会，1996年5月9日—16日在辽宁省大连市举行 。

　　第五届全国残疾人运动会，2000年5月6日—14日在上海市举行。

　　第六届全国残疾人运动会，2003年9月16日在南京开幕。

　　第七届全国残疾人运动会，2007年5月12日在云南昆明开幕。

　　第八届全国残疾人运动会，2011年10月中旬在浙江省杭州市举行。

◎文苑拾萃

慈善教育基金

　　倪天增慈善教育基金上海市原副市长倪天增逝世后，社会各界为了表达对这位"人民公仆"的崇敬和怀念之情，纷纷捐款设立了"倪天增教育发展基金"。

　　1995年初，倪天增夫人郑礼贞女士将这个基金中最大的一笔款项51.49万元捐赠给上海市慈善基金会，设立了"倪天增慈善教育基金"。这也是上海市慈善基金会设立的第一个以个人名字命名的专项基金。

十多年来，倪天增同志的亲属和许多社会热心人士不断向这个基金捐款，目前累计已达四百多万元。该基金每年用增值的资金资助上海市家境贫困、品学兼优的学生，在倪天增同志逝世纪念日向困难学生发放助学金，以纪念和弘扬天增同志为上海的改革开放和现代化建设兢兢业业、呕心沥血、勤奋踏实、谦和廉洁的风范，激励受助学生刻苦学习、早日成材、报效祖国的决心。

晨兴慈善助学基金是著名民营实业家杨文瑛、王祖同夫妇创办的上海晨兴电子有限公司。随着财富的不断积累，杨女士决意把钱捐献给慈善事业，帮助那些需要的人。杨女士首次向上海市慈善基金会捐赠1000万元，设立晨兴慈善助学基金，用于资助本市家庭困难的大学生、高中生以及本市中小学生的营养午餐，同时适当资助外地希望工程和贫困学生。几年来，杨女士累计捐赠了三千多万元。晨兴慈善助学基金共出资近一千五百万元，资助了八千三百多名困难学生，并向江西省万载县捐助200万元，修建了一所"晨兴希望小学"。凡需申请"晨兴慈善助学基金"的困难学生，可按"一口上下"的原则办理申报手续。

等待，二十万分之一的机会

◎金子可贵在于纯，品德高尚看德行。——朱瑜

她叫刘敏，是一位普通的销售人员。

刘敏从事过医务工作，遇到过一件终身难忘的事情：一个身患白血病的年轻人，一直在焦急等待合适的骨髓捐献者，非常幸运，他找到了合适的配型，这在当时算是一个奇迹，当时中华骨髓库的数量只有几万。但是在手术前夕捐助者却突然改变了主意，因为他的父母不同意，认为捐献骨髓干细胞会对捐献者的身体造成伤害。年轻人最终在失望中离开了人世，这种从失望、希望再到绝望的煎熬，对于病人和家属来说是撕心裂肺的。从那时起，刘敏就希望有机会能捐献骨髓干细胞，她说，要用自己的例子来向大家证明：捐献骨髓干细胞对身体没有伤害。

"我有一个心愿，虽然实现这个心愿的机会只有二十万分之一，但是，我愿意等待。"

二十万分之一的机会是白血病患者异体配型的成功率，也就是说一个患有白血病的病人，理论上只有二十万分之一的配型成功机会。在上海，骨髓库的样本数量只有3万，中华骨髓库的骨髓样本也只有10万。白血病患者获得新生的机会因此更加渺茫。

白血病患者都在等待这二十万分之一的机会，在上海，有一个健康人，也在等待这二十万分之一的机会，她希望在自己的有生之年，能够通过捐献骨髓干细胞的方式来挽救一个生命。

1999年，刘敏来到上海红十字会上海血站，成为骨髓库的一员。那时

上海的骨髓库数量还不到1万，从那之后，刘敏一直在等待那二十万分之一的机会。

等待的同时，刘敏也不忘向其他同事介绍骨髓干细胞捐献的情况，很多人在她的影响下都去献血中心做了登记。

加入骨髓库不久，刘敏就接到了上海红十字会打来的电话。一个病人跟她配型成功，要刘敏注意休息等待手术的时间。刘敏接到电话以后开心得像个孩子，她终于可以让一个人获得新生了。但是这次刘敏没有实现她的心愿，在经过漫长的等待后，病人已经做不了骨髓移植手术了，留给刘敏的是深深的遗憾。

"我以为再也没有机会了"，但不久她再次等到了一个二十万分之一的机会。2002年8月，刘敏接到电话，又有一名白血病患者跟她配型成功，移植手术做得非常成功，刘敏当时觉得自己终于完成了多年的心愿，但骨髓干细胞接受者因为排异征和其他并发症很快去世了，刘敏的心愿仍然空悬。

医学上对于骨髓干细胞捐献者年龄的要求是45周岁以下，刘敏说她完成心愿剩下的时间不多了，尽管机会不大，但是她还会等待。

文汇新民报业大厦曾经举办了为患白血病的留美同胞余健进行骨髓捐献的活动，刘敏和二十多位同事一起赶去了。刘敏说，她希望用自己的经历告诉大家，捐献骨髓干细胞是安全的，希望大家都能伸出援助之手。

刘敏的女儿说要向妈妈学习，在生日那天用献血来庆祝自己的成年，并表示，如果妈妈过了捐献的年龄，她会接替妈妈完成心愿。她说，每加上一个人，成功的概率就多一分，总有一天会从二十万分之一变成百分之百。

◎故事感悟

人生不过就是生老病死组成的片段，我们每天都在自己的轨道上周而复始运转着，与其庸碌一生，不如像刘敏那样奉献出自己的一点力量，来让这个世界变得更加温暖！

◎史海撷英

中国造血干细胞捐献者资料库的建立

中国造血干细胞捐献者资料库的注册标志是由四颗红心围绕红十字组成。象征着由中国红十字会领导的中国造血干细胞捐献者资料库工作，充分体现红十字会保护人的生命和健康的人道宗旨和"人人为我，我为人人"的博爱特征。动员和呼唤全社会人们奉献爱心，拯救患者的生命。

2003—2005年，中华骨髓库的建设得到了国家彩票公益金的支持。截至2005年7月底，全国建立了30个省级分库、认定了一批HLA定点组织配型实验室和1个质量控制实验室；可用于为患者检索服务的HLA分型资料29万多人份；与国内外60多家医院建立了业务联系，共提供检索服务6000多人次，2000多位患者配型成功，280位志愿者为患者捐献了造血干细胞。资料库已初步显现在临床使用上的意义。此外，资料库的建设还产生了良好的影响。资料库已为来自美国、加拿大、新加坡、英国、法国、德国、澳大利亚、挪威、日本等国家的患者提供了检索查询服务，其中4名捐献者为美国和香港的患者捐献造血干细胞，已接待国内外访问团参观20多次。中华骨髓库的建设和发展为拯救患者的生命发挥了积极的作用，为构建社会主义和谐社会产生了良好的社会效益。

中国人口众多，数以百万计需要移植造血干细胞拯救生命的患者正在翘首盼望。中国力争在2010年前建成一个100万人份数据的资料库，造福于国家和人民，造福于全球华人。

◎文苑拾萃

国际友人捐资助学

随着上海改革开放的不断深入，来沪投资、经商、学习、生活的国际友人不断增加。上海市慈善基金会于1996年初就发动、组织在沪的外国企业家、专家以及他们的亲属、朋友参与慈善活动，开展国际友人捐资助学。10年中，来自美国、英国、新加坡、瑞士、意大利、澳大利亚、加拿大、德国、日本等几十个国家和地区的数百名国际友人和团体参与了这一慈善助学活动。尽管其中许多人在沪居住时间不长，流动性很大，但捐资助学的热情不减，爱心接力棒不断传递，参与人数越来越多，助学规模不断扩大，每年两次相对固定的助学活动，已成为本市慈善助学的品牌项目，充分体现了慈善是不分国界、不分肤色、不分民族的全人类的共同事业。迄今为止，国际友人捐资助学项目累计捐款达1000余万元，使4300余人次困难学生得到资助。

爱心午餐（原名"免费营养午餐"）

为使本市家境贫困的中小学生能够享用学校的营养午餐，有利于他们的健康成长，上海市慈善基金会于1995年推出了"免费营养午餐"的慈善项目，这是基金会实施的又一深得人心的品牌助学项目。截至2004年底，市慈善基金会共出资925万元，让近13672人次的困难学生享用了免费午餐。2005年起，基金会又加大了对这一项目的投入力度，将每年享用爱心午餐的人数增至1万人，每人每年800元。凡本市家庭贫困的中小学生，均可向所在学校提出申请，经学生户籍所在地的街道（乡镇）社会救助事务所审核，送慈善基金会区县分会综合平衡，最后报市慈善基金会审批后实施。当政府救助覆盖到低保家庭的贫困学生后，市慈善基金会的爱心午餐项目即向低收入家庭的贫困学生倾斜。

临终陪伴

◎积谷防饥，积善修德。——张浪

在一家地段医院的临终病房里，7位老姐妹自发地组织起来，陪伴素不相识的老人们走过人生的最后日子。

"走进安宁病区，你经常会看到老人们在死亡线边缘挣扎，孤零零地躺在病床上等待着，他们太可怜了……"说起主动陪伴临终老人的初衷，老姐妹们回忆起几年前第一次看到同龄人的这种境遇后内心的感叹。就是从那一天起，来自邮局、街道、学校、工厂等不同工作岗位的7位老姐妹走到一起，自发组成了一个义工小组，她们中年龄最小的也有五十多岁了，而七十多岁的徐根娣是老大姐。

不管刮风下雨，每周二下午老姐妹总会准时出现在医院。谁需要她们的帮助，7姐妹就去帮忙。她们说："我们将老伯当成自己的老伴，将阿婆看当是自己的姐妹。"同是老人，相互间的话题很多，谈时政，拉家常，偶尔也会谈谈病情，甚至坦然讲到对死亡的看法。很多老人在和她们聊天后，心情会轻松开朗许多。日子一久，医院里的老人们早把7位老姐妹当作了自己的家人。每逢星期二，老人们就望着时钟，盼着她们到来。他们说："孩子们都很忙，我整天躺在病床上，感觉就像在等待死亡到来，姐妹们给了我一份期待。"

虽然7姐妹面对的大多是垂危老人，不过在这些老人身上，她们最能体会到真情。"一些老人躺在那里，会很久都没有一丝反应，"7姐妹中的徐阿婆说，"他们什么都不说，可是心里都知道。只要我们去了，老人就会流下眼泪；摸摸他，他会对我们点点头；给他喂饭，他的眼睛还会眨两下。"

李阿姨回忆说，有一个人得了癌症，我们一直照顾她。看到她慢慢好起来，我们从心底里感到高兴。没想到，她的病情突然恶化。一天，她和我们一一握手说，对不起，你们下星期来，就看不到我了……

　　正因为有了这样一次次的感动，7姐妹才一如既往地走进临终病房。"他们快要走到生命的尽头，我们奉献自己的爱心，希望他们走得称心；希望他们能康复，开开心心走出医院。"

◎故事感悟

　　7位老人，还在燃烧着自己，用最后的余热温暖着更需要帮助的人。这让我想起了一个成语：相濡以沫。是的，有困难时，用友谊和真情相互搀扶，即使生活是困苦的，也会体会到人间真情的温暖！

◎史海撷英

医疗保险制度

　　1988年，中国政府开始对机关事业单位的公费医疗制度和国有企业的劳保医疗制度进行改革。1998年，中国政府颁布了《关于建立城镇职工基本医疗保险制度的决定》，开始在全国建立城镇职工基本医疗保险制度。

　　中国的基本医疗保险制度实行社会统筹与个人账户相结合的模式。基本医疗保险基金原则上实行地市级统筹。基本医疗保险覆盖城镇所有用人单位及其职工；所有企业、国家行政机关、事业单位和其他单位及其职工必须履行交纳基本医疗保险费的义务。目前，用人单位的交费比例为工资总额的6%左右，个人交费比例为本人工资的2%。单位交纳的基本医疗保险费一部分用于建立统筹基金，一部分划入个人账户；个人交纳的基本医疗保险费计入个人账户。统筹基金和个人账户分别承担不同的医疗费用支付责任。统筹基金主要用于支付住院和部分慢性病门诊治疗的费用，统筹基金设有起付标准、最高支付限额；个人账户主要用于支付一般门诊费用。

　　为保障参保职工享有基本的医疗服务并有效控制医疗费用的过快增长，中国政府加强了对医疗服务的管理，制定了基本医疗保险药品目录、诊疗项目和医疗服务设施标准，对提供基本医疗保险服务的医疗机构、药店进行资格认定并允许参保职工进行选择。为配合基本医疗保险制度改革，国家同时推动医疗机构和药品生产流通体制的改革。通过建立医疗机构之间的竞争机制和药品生产流通的市场运行机制，努力实现"用比较低廉的费用提供比较优质的医疗服务"的目标。

　　在基本医疗保险之外，各地还普遍建立了大额医疗费用互助制度，以解决社会统筹基金最高支付限额之上的医疗费用。国家为公务员建立了医疗补助制度。有条件的企业可以为职工建立企业补充医疗保险。国家还将逐步建立社会医疗救助制度，为贫困人口提供基本医疗保障。

　　中国的基本医疗保险制度改革正稳步推进，基本医疗保险的覆盖范围不断扩大。到2001年底，全国97%的地市启动了基本医疗保险改革，参加基本医疗保险的职工达7629万人。此外，公费医疗和其他形式的医疗保障制度还覆盖了一亿多的城镇人口，中国政府正在将这些人口逐步纳入到基本医疗保险制度中。

◎文苑拾萃

夕阳红

最美不过夕阳红

温馨又从容

夕阳是晚开的花

夕阳是陈年的酒

夕阳是迟到的爱

夕阳是未了的情

多少情爱化作一片夕阳红

敬老院里的小客人

◎对别人行善就是对自己行善，给别人一份善心，自
己将拥有一片蓝天。——丰革

　　2003年12月中旬，上海市杨浦区殷行街道党工委书记朱一平，接待了一批著名作家，带领他们到殷行社区各处走走、看看，采采风。客人们满面春风，兴致勃勃地参观了商业街、老年健身站、艺术幼儿园等地。当客人们来到慈心敬老院时，有一件事让这些参观者惊呆了：俗话说，敬老院是老年人颐养天年的乐园。可在这敬老院靠南的一间小房里，竟住着一位十岁的小女孩！"奇事！"一位客人突然叫起来，"敬老院竟有小客人？"这是怎么回事呢？朱书记特地请来敬老院院长陈伟华医生，让陈医生为大家解开这个谜。

　　事情得追溯到半年前。

　　殷行社区住着一位退休老师叫浦菊英，由于她教学经验丰富，许多家长都愿意把自己的孩子送到她那里请她辅导功课。一天，浦老师接到一个自己从前的学生母亲的电话，说是有个温州人的孩子，读书成绩差，想趁暑假期间到上海找个老师补课。吃住在老师家，一个月付600元钱。浦老师答应了她的要求。几天后，一个中年男子领着一个小女孩来到浦家，中年男子自我介绍说，他是孩子的舅舅，先把孩子送来，至于孩子的家教费和生活费，明天他会和孩子的父亲一起来付，说完就匆匆走了。从此，孩子的家长如断了线的风筝——杳无音讯。

　　小女孩叫徐佳雯。从孩子随身携带的包里，浦老师发现有几件旧衣服包着的一叠材料，一张是小女孩在上海浦南医院的出生证，一张是清流街小学的家庭联系手册。

暑假很快地过去了，又到了开学的时间，邻家的孩子都背着书包进了学校。从小佳雯羡慕的眼神里，浦老师读出了她心中的愿望。于是浦老师准备也让小佳雯进课堂。可是由于小女孩没有本市户口，学习成绩又差，浦老师几天奔波下来竟没有一所学校愿意接收她。后来，经浦老师多方联系，才算安排进了民工子弟小学就读。

刚安顿好孩子的读书事宜，想不到小女孩又突发重病。一天晚上，浦老师一家被小女孩的"嘤嘤"哭声惊醒，原来孩子患有先天性脊髓堵塞综合征，浦老师只得连夜送她到医院就诊……善良的浦老师自身有病，经济也不宽裕，但她在小佳雯身上倾注的精力和财力究竟有多少，连她自己也无法估算了。

浦老师年纪大了，她想趁自己还走得动的时候，安置好小姑娘。

"你是谁？你从哪里来？"有一次，浦老师问小佳雯。

这对一般人来说是可以毫不费劲回答的问题，在小佳雯那儿，却像老师要求一个小学生回答高深的数学题一样，她只会流泪哭泣。

从小佳雯断断续续的回忆中，浦老师了解了一些情况：在来到浦老师家之前，小姑娘被自己的亲生父亲卖到了外地，收养她的那家人家对她不错，看她腿有病，还带她去看过医生。后来大概是了解到孩子的病很难治疗，又将她送回了上海。

没等到浦老师把小姑娘安置好，浦老师自己先病倒了，她被查出眼眶内有肿瘤，需住院开刀。她无法继续照顾小佳雯了，浦老师住进医院后，小佳雯便由殷行街道安顿到了慈心敬老院。

敬老院来了特殊"小客人"的消息不胫而走，企业界人士、香港同胞、退休工人，甚至外国朋友等都纷纷解囊，奉献爱心，大家为苦命的小佳雯伸出了援助之手……

◎故事感悟

人世间的美好就来自默默的贡献，只要人人都献出一点爱，那么我们整个社会就会变得和睦、亲切、充满温暖！

三峡大坝的建立

三峡大坝是世界第一大水电工程，位于西陵峡中段的湖北省宜昌市境内的三斗坪，距下游葛洲坝水利枢纽工程38千米。三峡大坝工程包括主体建筑物工程及导流工程两部分，工程总投资为954.6亿元人民币。于1994年12月14日正式动工修建，2006年5月20日全线建成。

2008年6月6日《中国工业发展报告——中国工业改革开放30年》过程中，中国社会科学院院工业经济研究所专家和学者评选出了"中国工业改革开放30年最具影响力的30件大事"，三峡工程名列其中。

2006年5月，全长2309米的三峡大坝全线建成，全线浇筑达到设计高程海拔185米，是世界上规模最大的混凝土重力坝。三峡工程是迄今世界上综合效益最大的水利枢纽，在发挥巨大的防洪效益和航运效益外，其1820万千瓦的装机容量和847亿千瓦时的年发电量均居世界第一，三峡大坝荣获中国世界纪录协会世界最大的水利枢纽工程的世界纪录。